KB105900

나, 내면

그리고

그 밖의 것들

나, 내면 그리고 그 밖의 것들

발행일   2022년 5월 20일

지은이   권상택
펴낸이   손형국
펴낸곳   (주)북랩
편집인   선일영   편집   정두철, 배진용, 김현아, 박준, 장하영
디자인   이현수, 김민하, 안유경, 김영주   제작   박기성, 황동현, 구성우, 권태련
마케팅   김회란, 박진관
출판등록 2004. 12. 1(제2012-000051호)
주소   서울특별시 금천구 가산디지털 1로 168, 우림라이온스밸리 B동 B113~114호, C동 B101호
홈페이지 www.book.co.kr
전화번호 (02)2026-5777   팩스   (02)2026-5747

ISBN   979-11-6836-291-8 03100 (종이책)   979-11-6836-292-5 05100 (전자책)

(주)북랩 성공출판의 파트너

북랩 홈페이지와 패밀리 사이트에서 다양한 출판 솔루션을 만나 보세요!

홈페이지 book.co.kr   •   **블로그** blog.naver.com/essaybook   •   **출판문의** book@book.co.kr

작가 연락처 문의 ▸ ask.book.co.kr

작가 연락처는 개인정보이므로 북랩에서 알려드릴 수 없습니다.

나, 내면
그리고
그 밖의 것들

권상택 지음

더없이 넓디넓고 더없이 깊디깊은
나 자신의 내면을 들여다본다

북랩

글을 시작하며

누군가의 살고자 하는 생의 본능이
또 다른 누군가에겐 실존하는 다양하고
변화무쌍한 악의 형태로 존재되고
또 다른 누군가의 죽고자 하는 사의 본능이
또 다른 누군가에겐 실존하는 신의 존재로
살아 있으면 증명한다.

그런 나 자체, 나의 존재는
가끔 내게 악의 형태로 모습을 드러내
나의 다양한 감정으로 나를 유혹하고 현혹한다.

어떠한 형태든 간사하고 교활하게 모습을 드러내
마치 살아 있는 천사 혹은 절대자인 신으로서
날 이끌어 아주 높이 더 높이 아주 높은 곳으로 날 존재시킨다.

타락의 기회를 엿보며 나를 추락시키려는
나와 마주 된 나로부터의 공간인
선과 악의 공존 속에서

2장 우주와 함께인 자기의 자아

3장 확장되는 정신

4장 연결된 흐름과 순환의 고리

5장 이로움의 선, 해로움의 악

6장 감각, 감정 그리고 느낌

7장 성장, 변화의 움직임

8장 비가시적인 가시계

9장 courage

10장 persona

1장

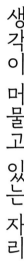

생각이 머물고 있는 자리

1
만감의 교차점

까마득하고 아득해 너무나도 머나먼 여정을 바라보고
다시 한번 보고 또다시 보고 다시 또 확인해 보아도
멀기만 한 그 길에서 주저앉았다.
아무런 생각을 가질 수가 없이
다가오는 수만 가지 감정이 교차되는 나라는
위치에서 존재된 지금에서도 주저앉은 채로
다양하고 복잡한 산란스러움이 알을 낳는다.

새로운 감정을 키울 어리디어린 순수의 의식을 머물린
생명의 탄생으로 인간이 가지게 되는 모든 감정들과 함께 되어
새로운 나로 완성되는 그 순간에서 일어선다.
그리고 시작되는 발걸음

2
생각의 각도

아픔을 드러낸다. 약점을 보여준다.

좋은 관계에 앞서 원하기에 먼저 꺼내어 드러낸다.

아픈 진실이 관계의 아문 상처에 스미듯이

함께 어우러져 생겨나는 사실에서는

이제 막연한 기다림에 지쳐간다.

고의든 타의이든 위협의 공포를 야기시키는 관계들로 인해

생겨나는 어쩔 수가 없다는 아쉬움과 함께

이전의 먼저 합리화된 세상들과 다시 시작될

세상들의 그럴 것에 먼저 타인의 공포심으로부터

더욱더 깊이 그리고 훨씬 더 높게 아문 상처로

나 스스로를 분별한 극복 이후

약점과 아픔의 강박의 증환으로부터 벗어나는 치유

그리고 성장

3
그릇

아무것도 받지를 않아서의 고마움이
아무와도 관계를 갖지를 않아 감사한 소통의 창이 활짝 열린다.
무개념의 개념으로 계념없는 개념이 공백과 여백으로 드리워져
텅 빔이라는 꽉 참으로 다행히도 안도한다.

공간, 나만 존재되는 영역에서
나라는 존재가 지금부터 탈피를 시작한다.
벗겨지는 허물만큼 새로운 모습에 대한 두려움은 접어둔 채
아쉬울 것 없이 미소를 머금은 채 탈피통으로 지쳐가는
안간힘에서도 즐거워 신이 난다.
다시금 시작되는 새로움을 부여받는 탄생의 기쁨,
희열과 환희로부터 겸손하게 소소하고 단순하게
본인 스스로 해야 하기에 여념이 없는
몰두의 집중이 온몸을 타고 탄생통을 전한다.

느껴지는 감각과 함께

다시 새롭게 트여지는 숨통이 우렁찬 그때와는 다르게

깊디깊은 탄성과 감탄으로 새로운 나를 받아들인다.

4
생각대로

빠르고 빠르게 흘러
마치 활시위가 당겨진 화살의 속도의 감 속에
세찬 파도가 격동의 세월을 일깨우듯이
지금 내 앞에서 산산이 부서져 방울방울 흩어진다.

묵직한 무게의 감을 이겨내기 위한 지혜가 현명함을 유지하며
자기 자신의 멋에 흠뻑 취해 제멋대로 흔들거리는
자신의 세포들의 뒤죽박죽인 뒤엉킴의 요란스러움에서 어찌해야
할지를 모른 채 어떻게 해야 하는지 알 수가 없어
통일되지 못하는 현실의 생각들이 만감으로 내게 들이친다.

고통과 괴로움으로 절규하는 시련, 침묵의 무거운 비명소리에
고요한 적막이 깨지는 거부할 수 없는 현실의 맞닥뜨림으로
혼비백산하듯 흩어진 뒤늦은 후회의 통곡 소리에서도 조용하다.

놀랄 것 하나 없이 일상인 듯, 늘 그런 듯 그럴 줄 알았다는 듯
시작되는 통일성을 갖추기 위해 하나의 형태로 바꾸어간다.
점점 더 높게 그리고 거기에서는 더욱 깊숙하게 치솟듯이
하늘 위로 올라서 천상의 구름이 찬란히 비추는 햇빛에 가려져
드리우는 영롱함에 탄성이 감탄한다.

나를 반기는 현실 세계의 우아함이 전하는 아름다운 풍경,
옳음과 올바름이 만들어주는 세계에서 영과 혼이 한데 어우러져
백의 간절한 노랫소리가 심금을 울려 세상을 치유한다.
산란스런 생각으로부터 오로지 나만을 바라보는 너에게 내민 손
그리고 맞잡는 손길로 정리되는 생각

5

enigma

그래 맞아! 정말이다.

아침에 눈을 뜬 나는 의식의 흐름대로 무언가를 하고 있다.

그 의식의 흐름의 줄기에서 뿌리로 더 가깝게 다가간 그곳에서

무성하게 우거진 은행나무 가지에 자리 잡은 새들이

지저귀는 새소리,

어떤 대화를 그렇게도 심각하게 나누는 것인가?

가만….

오늘의 나에 대한 하 하 하 우습다. 근데 묘하게 맞는 듯하다.

새들의 심오하고 심오한 대화 소리가 나의 의식의 흐름 그 안에서

나의 귓가를 맴돌던 속삭임과 함께 내 안에 자리 된다.

하루를 시작하는 아침의 소리와 시작된 백색의 소음으로

안정을 느끼며 온화한 미소와 아름다운 평안으로 포장된

치열하고 복잡한 냉혹한 현실이 주는

몹시 차가운 사회로 뛰어든다.

어디든 똑같은 표정으로 두리번거리며

자신들의 죄로부터 걸려들지 않기 위해

죄를 지을 수밖에 없는 삶의 자기로부터 절망 되지 않기 위해

먹잇감을 찾고 있는 사랑스러움이여!

치열하다는 멋스러움이여!

최선의 열정으로 더는 오갈 곳이 없어져서야

간절하게 외쳐대는 울음의 목소리

신은 어디서 무엇을 하고 있길래 나에게, 너에게

그리고 우리에게 신의 뜻대로 싸움을 시키는 것인가?

안타까움이 나를 감각시켜 너에게 전해

우리가 함께함에도 어쩔 수 없으니

죄를 짓는 아쉬움의 목덜미의 서늘함을 감각하는

모두의 순간에서 따뜻함을 느낄 수 있다.

6
머무를 곳 없는 의식의 안정

이래도 저래도 똑같은 답이 기다리고 있다.

여기에서부터는 해답과 정답이 오답과는 다를 것이 없는 상황이

만들어 놓은 불분명이라는 분명한 사실로 가득 채워져 이러지도

저러지도

못할 상황들의 여러 가지 다양한 궁리 속에서 해답과 정답이라는

거짓의 즐거움에 놀아나는 괴로움이 몸부림친다.

몸부림이 재밌어 즐거운 신남이 즐거워 즐겁다, 라는 거기에선
몸부림조차 끝나버려 꺼져버린 영혼의 시달림의 광기가 계속
연속적으로 충격파를 이룬다.
모든 것을 불태워 소진이라는 소멸의 마지막 혼자락이
소멸통을 느끼며 사라락…. 흔적도 없이
유기체의 재료로 남겨질 수 없는 안타까움이 머무는 지금에서
의식에 존재는 정녕 나를 자기로 인식한 하나의 형태의 모두의
나로부터 나를 구별하는 인식과 함께 자기를 이룬 나의 의식의
안정은 인격 최초의 애착 형성의 타자와의 새로운 화합의 형태로
유기체로서 어쩔 수 없는 죄지음으로부터의 희망인 무기체… 곧
어둠이다.

7
훌륭함이 선물하는 위대함

흔들림이 주는 기억 속에서 나는 그랬다.
또 흔들려야 하는 이유와 그 연유를 알아야 할 까닭을
찾지 못한 채로 그래야 한다는 법칙이 정해져 있지 않음을 알기에
흔듦을 멈추며 계속 움직이려는 충동에 마주 되었다.

험상궂은 일그러짐이 주는 불쾌감조차
감각이기에 놓칠 수는 없어
다가온 회피와 외면의 물질마저 놓칠세라 아깝다.
인간이기에 가질 수 있는 특권 앞에서
재생이 주는 특별한 재활이라는
거대한 선물 보따리를 보며 감사함에 입이 열린다.

가득,

한가득 채워 넣고 소화를 시키면서 부담되지는 못하게

적당히로 과함으로부터 거부될 수 있는 제지가 주는

특별한 비법이 숨겨져 보석처럼 빛을 내는 반짝거림이 아름답다.

욕심이라는 탐과 심조차도 불필요할 수는 없기에

적당함이라는 적당함을 크고 널찍하게 키워

불감당을 감당으로 소화시키는

이해력이 배불러 든든함에 기분이 좋다.

8
지구정화 그리고 생명

정말이다.
의식이 멈추지를 못한 채로 하늘로 치솟아 구름과 함께
반짝이는 햇빛의 반사광이 비추는 눈부심에서
벅차오름을 느낀다.

감사하다.
벅차오르는 감정을 가질 수 있게 된 감각 속에서
지금 하늘이 품은 대기의 푸르름에 나를 눕힌다.
포근함이란 이런 것인지 등을 통해 감각되는 무한하게 펼쳐지는
경이로움에선 빠져드는 경계를 넘어 시간이라는 개념을 부숴낸다.

마치 내가 세월인 듯이 주름의 영역의 한 점에 불과한
나의 파동이 감각하는 태곳적 공기가 나의 숨의 결을 타고
내 안의 세포 하나하나에 생명을 불어넣는다.

꽉 차오르는 가득함이 내 안의 모든 감각을 깨워

알 수 없던 미지의 이해로움과 감당되는 해석의 자유를 느끼며

나라는 물질은

대지의 모든 만물에 새롭게 전파된다.

나로 나는 나임을 받아들이는 만물의 감각이

거부감 없이 호흡하듯, 광합성 하듯 나를 받아들이는

세포들의 작용 하나하나가 날 창조시킨다.

새롭게 인간이 정의한 새로움 너머 완전함이

숨 쉬는 지구 그 행성의 중핵으로써의 뿌리

모든 것이 연결되어 마치 하나인 듯 숨을 쉬며

감정을 나타내고 행동을 주관한다.

9
광합성

이건 모르겠다, 라는 당연하다의 감정이 빨아들이듯

흡수하는 합성이 분석을 시작해

새로운 물질로 나를 해석하는 기분,

떨쳐지지 않음이 배운 것과는 전혀 달라서

미지라 일컫는 세상이 날 조롱하듯 비웃으며

즐겨 이곳저곳으로 활개 치듯 돌아다니며

돌고 돌아 계속 도는 통에

도통 알 수가 없는 현실 세계에 도착되어

따용하는 정신과 산란하는 정신으로 가득 차

지겨움이 한꺼번에 폭발되는 우렁찬 기운을

양식 삼은 광합성이 여림을 품어

새싹이 싹을 틔움으로 정신을 차린다.

새롭게 시작되는 나의 정신이여

이제서야 이해를 돕는 만물의 정신이

날 도와 여태껏의 시련 이후 생겨날 위험으로부터

날 숨겨 자신의 이해력과 생명력으로

다시 새롭게 새싹을 틔우는 의식에

날 머물려 자연의 이치를 내게 전하듯이

날 일깨워 소임을 다하는 헌신의 희생이 헛되지 않도록

불을 밝혀 나를 빛내듯

세상을 빛내 자연을 이롭게 새로움을 이룬다.

10

주름진 가면의 얼굴

마음을 쓰는구나.

그 마음을 함께 하나의 마음으로 사용해 목소리를 내며

감정을 끌어들이는 이제는 행동을 하는구나.

여리디여린 순수의 함을 부리는 어둡고 삭막한 황폐함이

메마르고 메말라 거죽마저 미세하게 균열이 생긴

퍼석임이 퍼석거려 흩날릴 것 없이

퍼석이는 퍼석이가 사라진다.

미세하게 자욱이 퍼져 나아가는 영향력은

아무것도 없이 공기 중의 미생물의 먹이로….

거기에선 그 마저도 없는 가치조차 사라지는 무의 존재,

어둠 이전의 검음과 검음보다 더 새하얀 순백의 투명함에

반짝이는 불빛마저 안개와는 다른 알 수 없는 공간으로

빨려들어 시간 이전의 영역에서 빛이 존재되기 이전의 공간은

인식과 의식으로 생명의 미세한 미동조차 없던

존재의 영역에 도착된 양심으로써

부도덕한 불의가 불정의 함으로 생겨난 진리는

만물의 후회로부터 긍정과 부정의 근원으로 안착한다.

2장

●

우주와 함께인 자기의 자아

11

완벽함의 완성

그토록 간절하던 나는 한계를 넘어서기 위한
극한에 도달해서도 떨쳐지지 못하는 긴장의 감들이
살포시 퐁 퐁 퐁….
총총 걸음으로 살며시 기대어
섬뜩하기만치의 포근함과 따뜻함을 무기로
지속적으로 짓눌러 넘어설 그 순간의 경지의 파노라마로부터
먼저 시작되는 세포들의 춤사위가 황홀하게 숨을 조여온다.

조금씩 천천히 엉금엉금 다가오는 시간이
째깍째깍 틱톡 틱톡 초침의 소리가 암시하는 그 공간이
지금으로 형태를 완성함을 알 수 있다.
일그러지듯 왜곡되며 사라짐과 창조됨의 형태가 굉음으로
재배치와 재배열이 바쁜 시공간의 융합이 나를 중심으로
벌어지는 현상을 확인한다.

여기…

지금 기다림 뿐인 현재 모든 것이 만들어 놓은

이제까지의 여정의 산물이 다시금 만들어 놓은 공간 속에서

난 아무것도 없다.

준비가 끝마쳐져 기다리는 긴장감과는 다른

자신감이 찰나의 부지불식간 내 안으로 자리를 잡아

극복 너머 경지를 초월한 신적인 광기의 충돌 속에서

드디어 드러내는 성과의 성질, 멋스러움과 우아함이 공존하며

탄성과 기쁨이 감탄조차 아껴가며 심취된 숨 막힘의 숨 멎음,

전율의 전체….

모두가 똑같이 하나 된 탄성의 하모니

꼭두각시

꺼져가는 영혼이 아쉬움을 떨쳐내지 못한 채 구슬피 슬퍼
두 눈에 맺힌 눈물이 힘겹다.
두 볼을 타고 흘러내리는 눈물방울의 뜨거움이
다시금 한 자락 희망으로 숨통을 열어 호흡 되는 숨의 결을 타고
전신으로 퍼져 나아가 전해지는 모든 세포의 파노라마,
춤을 추듯 신이 난 싱그러움이
생명을 주관하는 모든 곳으로 자리를 잡아
새롭게 시작되는 새로움에서 모든 것은 무관하다.

개입과 관여로부터 철저함 없이 방관하는 자연스러움이
숨을 죽여 움츠러든 채로 죽음과 연계된
마지막 희망마저 꺼져가는 불빛의 찬란의 함을 부리는
어둠이 희망찬 불빛과 연계시켜 몽환함의 허망함으로부터
오로지와 함께 온전히 자신의 타락된 나락으로부터
구원을 얻으려던 실낱같은 희망마저 정립되지 못한 채로
어지러움과 함께 다시 차려지지 못하는 정신으로
혼란에 침체된 어둠의 그림자,
아무런 영혼을 갖지 못한 두려운 자

13
영생, 나 그리고 나

늘 한결같았다.
변함없던 그 표정이 말하는 묵언의 침묵의 깊이
깊게 깊게 울려 퍼지는 미세한 음성의 숨소리의 내쉬는 호흡과
함께 퍼져 나가던 영역 속에서 여명의 빛을 가진 눈동자의
푸른빛이 날 알아봄을 알 수 있다.

날 바라보고 있는 인간이 정립하지 못한 세상의 또 다른 나
하염없이 알아들을 수 없는 이야기를 나의 귓가에 속삭이며
먼저 그리고 나중의 존재로서 나의 안전을 최우선으로 두고
존재하는 그 손길마저 이제 감각이 되어 알 수 있는
무언의 압박 그조차도
나를 위한 배려의 충고임을 알게 되는 내게선
가벼움과 무거움의 정의가
새롭게 정립되는 무중력의 공간으로 도착된다.

둥실 두 둥실 떠 올라

지금 감각되는 이 무한하고 영원한 안식의 평온함을

내게 전하는 터널….

실수의 시간과 허수의 시간 영역을 벗어나

도착한 차원의 우주, 새로운 생명과 영원한 생명의 조우

14

존재자의 군림 조건

왕이 된다는 것,

그것은 마치 살아 숨 쉬는 모든 생명체를 주관하는

압도적이고 우월한 능력으로

세상의 그 어떠한 것이든 관여되어 원하는 데로 이룰 수 있다는 것

그렇기에 나는 왕이 되려 하지 않았다.

살아있는 유기체들….

자기 각자만의 존재 이유가 있을 당연한 진리에

굳이 관여하며 나 스스로의 존재에 대한 쓸모의 가치를 희석해가며

본인 스스로에 대한 감정과 본인에 대한 상처로 남기지 않기 위해

온전하고 오로지 그것뿐이던 내게 나는 군림하게 될 것이다.

오로지 나라는 유기체, 나의 존재
내 멋대로 구는 마지막 세포 하나마저 나로서
내게 가유되는 나로 나를 존재 시킨다.
사랑한다, 나의 왕이여

인연의 탄생, 조우 그리고 사랑 시작

우렁차다. 어떻게 알았을까?

첫 호흡과 함께 시작된 존재의 목소리는 첫 숨의 결을 따라

공기 중의 모든 미생물이 시작하는 생의 작용, 숨의 깊이

그리고 거기서 자리를 잡은 미생물이

스스로 더 깊이 자리를 잡기 위해 파고드는 영역의 공간,

활성화되는 세포들의 증식 속도에 따라 변화를 이루는

부지불식의 삶의 공간에서 보호를 받을 수 없는

생명이 가질 수밖에 없는 한계는 숨이 주는 안심에 비례하듯

처음 탯줄과는 다른 소화의 작용을 일깨운

쌔근쌔근 공기 중의 이로움의 작용이 만들어주는

안락함과 포근함을 온몸이 표정인 듯이 영양의 균형을 이루는

행복의 물질의 신비로움이 아름다움을 표현하듯

온몸에 건강의 색을 칠하는 아름답다, 라는 숭고함을

경험하며 알게 되는 거스를 수 없음의 본능

지금 이 순간 그 행복함의 물질이 그려가는

미래의 파노라마가 쌔근쌔근 잠든 너의 표정과 함께

널 바라보는 나의 모든 감각이

지금으로 너와의 영원함을 이어준다.

결속, 결합, 융합으로 떨어질래야 떨어질 수 없는

뭐라 표현될 수 없는

끈끈함의 시작,

영원이 만드는 심오한 기적

16

적절한 발전의 응용력

지금도 여전히 진행 중인 과정이 주는 영민함이

과거 속으로 날 이끌어 계속 더 깊이 있게

심층적이고 분석적으로 다가가

지금을 성숙으로 이끌 수 있었던 조숙하던 그때로 도착한다.

발달 단계에서 충격적으로 완성하지 못했던 물질들이

여전히 발달 될 수 없도록 깊이깊이 잠들인 과면의 중환을 만들어

활짝 열어놓은 만개의 눈빛이 빛을 발산하듯

독기를 쏘아대는 살벌함에서도

조숙과 성숙이 힘을 합쳐 미숙의 영향력을 불식한다.

불식된 과면증으로부터 시작되는 이로움의 작용이

과해지지는 못하는 숙면의 상태로

깨어남을 항상 유지한다.

자책이 상처 되기 전의 움직임

완벽하게 시작된 자책으로부터 생겨나는 책망이
나를 짓눌러 움직일 수 없는 상태에서
후회로 인해 바로잡은 모든 것이 멈춰진 분노의 요동침이
들끓듯이 끓어오르는 용암처럼 부글거린다.

자책을 피하던 남 탓의 숨통이 막혀 내 탓으로 인해 자책하던
나의 분노에 집어삼켜진 지금의 책망으로부터
걷잡을 수 없을 파국으로 치닫는 파멸의 멸로
더욱더 견고하고 튼튼하던 요새의 왕국을 발견해
마치 목마른 사슴이 오아시스를 발견한 듯한 표정을 감추지 못한 채로
모든 생명을 흡수한다.

시작되는 생명수의 이로움을 수용하는 공간에 도착하여
움직이는 정기의 신의 이로움과 엄청난 왕성함이 이끄는
튼튼한 뿌리 깊은 거목의 우뚝 선 잎새의 아침이슬이
나를 적신다.
무엇으로부터, 어디에서부터, 어디까지인지
시작과 끝의 경계를 알 수 없던 미지의 흐름 속에 갇혀
숨을 쉬는 법조차 잃어버린 숨통이 명맥을 이어
더욱더 넓고 넓은 아마존의 강줄기를 타고
드 넓은 바다로의 항해를 시작한다.

18

철학의 슬픔

안쓰러움에 안쓰러워 흘러내리는 눈물에서 왜 인지를 알 수 없다.

모르게 나도 모르게 흐르는 그 눈물의 의미를 알고 싶어

찾아드는 그곳에서는 보일 듯이 안 보여

잡힐 듯이 잡히지 않아 알 수 없는 그곳으로

깊이깊이 더 깊이에서는 알 수가 없어 위를 바라본다.

먹구름이 한가득 눈물을 머금은 채로

시커멓게 뒤덮은 장막 속에 갇혀 어찌할 바를 모른 채

이제 곧 쏟아질 슬픔의 의미를 알기에

더는 어쩔 수가 없어 고개를 들어 눈을 감은 채로

두 볼을 타고 흐르는 눈물방울에서는

이제야 알겠을 지금이다.

나를 속여 타인을 속인 나로 인해

나를 속여 자신을 속인 타인으로

다 그러고 산다는 현실의 슬픔이 더는 참지 못하고 쏟아진다.

쏟아지는 물줄기가 넘쳐흐르고 흘러

이젠 흐르는 것조차 모르겠는 뽀골뽀골 기포가 올라오는

죽음들이 확인되는 어둠 속에 번쩍이는

우르릉 쾅쾅 분노를 넘은 대로의 침통함을 잠재울 길이 없다.

나로 나를 속여 내가 사라진 공간

처음부터 나였던 자연의 슬픔이 무에서 유로 다시 유에서 무로

속임의 수 속에 자리된 진리의 순환 속에

깊은 슬픔을 감당하는 나는 철학이 된다.

19

여리디여린 어린 고아

아무것도 모르는구나 전혀,

보살핌이 무엇인지도 모른 채

알 수가 없으니 그냥 간절함과

따뜻함의 처음인 그 정을 놓치고 싶지 않아

할 수 있는 최선으로 인연을 이어가기 위한

최선의 열정이 주는 희망과는 다른 현실의 각박함에서는

또 극명하게 갈리는 운명을 지배하는 힘에 압도되어

어쩔 수 없다는 현실들의 낙심으로부터

또 무력한 무기력의 지배에서 벗어날 수가 없겠다.

아픈지도 모른 채로...아무도 알려주지 않는 쉿!

조용히 암묵적인 거래의 아픔을 알게 된 그 순간

시작될 통증에서 벗어나려는 널

가장 잘 알고 있는 주변 모두가

꼭 너 같아 널 더욱더 거칠게 다룬다.

아파도 아프다 말 못하는 너에게서 더욱더 더 아픔을 느끼게

느낄수록 더욱더 너의 안에 깊이 내재 되어있던

운명이라 일컫는 어둠의 극명함으로부터 너 벗어나겠다.

기쁘다.

20

정화의 바람

옳음과 올바름에서 그대로 받아들여지는 수용함을
거부하지 않음으로
행하는 것에서 거침이 없다.
슬기로움이 주는 지혜에서 반신반의하거나 어리석다는 듯
비웃음이 새어 나오는 자신을 마주하면서도 흔들릴 것은 없다.
왜 그런 것인지 알 수 없는 이유

혼란이 주는 특별하지 않은 어지러움이 빛 앞에 어둠으로 가려
앞서는 길을 뒤처짐으로 인식시키며 불평등이 말하는
평등함과 평등을 외치는 고지식함이 그러하다.

이유를 만드는 그럴 수밖에 없는 어쩔 수 없음은
안타까움 앞에서 무릎을 꿇는다.

3장

●

확장되는 정신

방대한 자유, 그 진리

유연함과 부드러움과 연륜과 겪음이 주는 지혜로부터

이길 수 없다, 라는 순수가 주는

긍정이자 때 묻지 않은 순백의 깨끗함에

묻힐 수 없는 얼룩이 후회 속에서

어림이라는 고요가 주는 정화 작용의 한계를 일깨운다.

아직 아직은 어려 무궁무진하고 무한한 미래의 광활함 앞에서

아무것도 할 수 없던 늙음의 탄식이 안타깝다.

어림과 여림의 부드러운 유연함이 주는 확신과

처음부터 정해진 옳음과 올바름 앞에서는

먼저, 라는 어쩔 수 없다. 들이 이끄는

그 어떠한 이끌림에서도 순수하다.

부질없을 허황된 뜬구름이 주는 관습과

시대의 정신의 다양한 유혹과 현혹으로부터

매혹된 사람들이 정해놓은 흘러 지나버린 후회의 되뇌임,

되뇌던 미련의 안타까움의 다양한 시뮬레이션은 글쎄….

아무런 욕심이 나지 않는다.

22

이유가 있는 결과

절대 그것에만은 넘어가지 않겠다.

포기의 유혹이 두려움과 함께 나타나 거대한 산물로
그 거대함 속의 연속적인 작은 문젯거리들로부터 도착된
유리 정신이 주는 현명함과 유연하고 부드러운 대처로
깊이 깊이에서 이젠 하늘 저 높이로 치솟아 올라서는
지금의 초월성

여기에서부터는 잉태가 주는 초월론적 미지가 개입되어
생장을 시작한 세포의 분열을 느낀다.
마치 지구라는 우주에서 다시 한번 태어나듯
강력한 모성과 부성의 작용으로부터 탄생의 첫 호흡을 통해
사회성을 갖는 최초의 물질로써의 타자

가족과는 다른 인연의 존재로 서로에게 개입되어 관여된 결과로
어린 무의 창조의 시작의 유 로써 배움과 터득의 작용이
키움과 함께 조건적인 무조건적 강제라는 강제적 억압과
강압으로부터 생겨나기 시작하는 원인에 관한 결과로써의 해답
정답이 주는 진리의 진심이 고개를 들어 결정적인
그때 발목을 잡는다.
포기와는 다른 실체

23

mingle

알 수 없는 궁지와 타고난 팔자의 드리움

검음 그리고 악취와 얼룩으로부터 아무런 보호를 받을 수 없는 공간

우물 속에서 올려다볼 뿐 나아갈 수 없는 한 줄기 빛뿐인 희망이

간절한 낙심이 짓누른 공기의 무게가 누르는 엄청난 공압에서도

익숙히 지저분, 더러움, 오물 속에 기생하는 구더기 마저 친구로 함께

느끼는 지금의 공간에서는 삭막과는 다른 누군가가 말하는

궁색함보다도

더욱더 절망적인 지금에서의 낙천적인 자유를 배운다.

무소유, 자신 스스로를 누구보다 잘 알기에 깨부숴낼 수 없는
장막 속에서 소유된 자가 자랑삼은 여유로움

교만 된 자…. 누군가가 쓰고 닳고 닳은 걸레의 횡재의 기쁨
지옥, 미세히 아주 미세히 느껴지는 여유조차 천상의 울림
하모니 그리고 축복으로 받아들여 감사함에 전하는
지옥이 주는 특별한 선물에선 고마워하지 않음이
불쾌해 선사되는 거대한 공간으로 이끌림은
아무도 막을 수 없이 잡혀 끌려들어 가는 놀람의 눈동자가
겁에 질린 모든 세포가 한꺼번에 하나의 표정으로
내비치는 공포의 괴성

24
희망

옳음, 올바름이 향해 나아가는 진리로 다가오는
즉자대자라는 회개 되는 귀환의 형태, 그 궁극의 깨달음으로 인해
도덕과 정의의 필요조건에 충족된 나 자신이
다음으로 향해 나아가야 하는 생활 윤리 라는
인간이 정립한 제도와 보호라는 틀 안에 도착하여
너라는 충분조건을 충족시키며
나에게 너라는 너 역시 나에게 필요충분조건이 성립된다.

혼자라는 익숙함과 함께이고 싶은 우리라는 본능 앞에 생겨나는
강제적 강압 부정의한 불도덕의 필요와 충분, 결합의 순리를
거스르려 들어선 긴장감을 떨어트리려는과 떨어지려는의 상극이
결합작용으로 부정, 불의라는 어긋남이 주는 그때 나타나는
올바르지 못한 그름이라는 진리의 세계관이
확장된 영역에서 그간의 무지를 일깨운다.

몰랐기에 거기까지였던 그래서 놓쳤던 모든 진리,

부정과 불의 올바르지 못한 그름인 그조차 진리이고

길이라는 세상의 뜻을 거스르려 끌어모은

이제까지의 고집스러운 아집들이 지금이라는 현실 세계에서

난관으로 변형되어 시작되는 현실 세계 앞에서 보여지고 일깨워지는

차원의 문이 열려 시작된 의식의 주문이자

흔들거리는 오류 난 제도의 불분명함이 선물하는 부정과 불의로

진리를 앞세운 부덕이 그제야 모두와 함께 도망치듯

자신의 악덕을 바로잡기 위해 들어서 닫히는 차원의 공백과 여백으로

남겨둔 공간에서 더는 참을 수 없던 침묵조차 함께 외쳐

침묵의 외침 속 고요라는 비명으로 생겨난 떨림에서 시작된

참회하라는 너 그리고 나, 우리에게 존재한 우리의 공간 그리고 시간

25

정립 너머의 깨달음

아무것도 신경 쓰지 않는 무의식,
의식하지 않는 의식에 의식을 사용하는
신경에선 무신경한 무의식과 무신경함에
은근하게 올라오는 불쾌의 기분 나쁨이
발산되는 에너지의 파동에서 무감각으로부터 시작된 요동이
난동을 부려 걷잡을 수 없는 충동에서는
어쩌지 못해 실행되는 본색이 드러난다.

알면서 어쩌지 못한 본색에 정색하는 본인에게선
이제 그런 본인에게 신경 쓰기 바쁜 동시
본인에게 서로 기분 나쁜 불쾌의 에너지 파동에서
어쩌지를 못해 시작된 파동 간의 마찰음이
내면 깊이에서부터 긁히는
굉음으로 내면을 긁어대고 긁혀대기 바쁜 면역의 오류

알고도 당해, 모르고는 벌써 이만큼 눈치챈 그 순간

벌써 어느덧 이만큼의 최선과 열정의 과한 부작용으로

돌아올 수 없을 이만큼의 거대한 작용으로

인간이 말한 부작용을 불러들이는 작용에서 역시

소신이 있는 작용의 여념이 없는 작동은

멈출 수 없는 폭주기의 질주

초고속보다도 더한 순간의 연속된 가속의 사라짐

26
간지럽힘

내게 다가오려는 지금의 능력의 야비한 교활함의 영악스러움이
내면의 재료로 여전히 사용되고 싶은 사악의 감정이자 마음이고
분노 너머의 공포로 억압하며
공포심으로 지배를 일삼던 온화한 표정은
아직도 여전히 살아남고 싶은 악의 본질로써
깊이 더욱더 깊이 숨어 모든 탐욕으로
죄의 물질을 불러들이던 악이면서
그로부터 자신만 벗어나려던 자신만은
인격이라 자신하던 범죄 물질

유기체, 흔적조차 세상에 불필요한 존재의 파동

27

검은 구체

준비된 기다림과 언제나 다를 것이 없던 상황의 끝에서
다시 시작에도 뻔한 시작인 믿기를 바라는 믿음과
믿어주길 바라는 믿음의 가식,
그 가식이라는 불안의 거대한 산물로부터
불안이 주는 특별한 지혜로
가식의 거대한 속임수를 분별한다.

연명을 위해 오로지 맹신뿐인 하루살이의
그날그날 걱정뿐인 삶의 지침이 낙을 찾을 수 없어
앞이 꽉 막힌 벽과 대화 중인
숨 막힘이 찾는 탈출구 앞에 보이는
사방이 온통 꽉 막힌 벽의 구체

28

작용, 반작용

알 수가 없는 세계에서 모두가 동경할 뿐, 나는 그랬다.
그럴 거라…. 모두가 그럴 거로 생각했다.
나의 세계에서 모두가 함께 다양한 수로써
각자만의 방법으로 부담감에서 벗어나려 할 뿐….
그럴 수 없다, 라는 것을 잘 알고 있는 현실들

짓누르는 무게이자 억압이고 강제인 무언의 압박으로부터
헤어 나올 수 없는 도피의 표정은 무엇에 신이 난 것인지 궁금하지
않다. 전혀 그렇지 않아
심각함을 숨긴 신남의 표정 또한 그러할 뿐이고
그렇기에 묵묵할 뿐인 지금에서
동경뿐이던 이곳에서도 나는 그랬다.

올라선 것에 대한 기쁨보다 이만큼의 수고로 다시 동결되는
그 세계에는 감당 할 수가 없어 포기하는 모두와는 또 다르게

공중으로 둥실 들어 올려진 무게의 숨 막음 앞에서 이제까지와는
전혀 상반된 새로운 공식으로 그간의 모든 작용을 멈춰 세운다.

비우고 또 비워도 생겨나는 미련스러운 아집에
골치 아픈 본인을 알아보며 화해와 이해를 시작한다.
생겨난 유명세로 인해 싫어도 싫다 할 수 없는
그래서 떠버린 세상
그 대상조차 알아 미안해도 어쩌지 못한 채 파고드는
좋아함에선 이해가 되는 현상에 거부할 수 없었다.

마침내 나 역시도 나를 싫어하는 거부감에서도 내가 좋아해서
어쩌지 못한 작용으로 파고드는 좋아함을 알아차려
그 순간 모든 작용이 멈추었다.
멈춰진 그때부터 내게 파고들듯 후벼파던 좋아함, 나의 싫음에
대한 어쩔 수 없던 좋음의 작용도 멈추더라.

29

생성의 기원

모든 것을 끝마친 상태의 움직임으로 시작 전 연속적인 형태화

폭발의 폭발로 시작되는 내면의 감정들의 연속적인 폭발의

형태는 모든 감정이 폭발되는 지금에서

그 모든 폭발로 인해 생겨나는 모든 다양한 형태의 감정을

감당하고 기분 좋음으로 감당하는 행복의 형태의 지금에선

과거로 거기에서는 미래까지 끝을 모른 계속된 폭발과

그로 비롯된 행복의 계속되는 진리라는 흐름

멸이 없는 불멸의 영생 그 자체의 존재이자

불행이 존재될 수 없고 행복조차 자리 될 수 없는 상태인

가유조차 생겨날 수 없는 점의 상태

4장

●

연결된 흐름과 순환의 고리

필연의 흐름, 사랑

최근에, 지금까지 내가 배운 것을 흥겨움과 함께
온몸으로 지금의 리듬에 나를 맡긴다.
상처를 통해 새롭게 해석된 새로운 지혜로
기분이 좋아진 지금의 분위기는 우리를 미소 짓게 만들어
포옹으로 이끌고 다정함이 우리를 감싸 안는다.

먹고 마시고 사랑하며 서로를 좀 더 가깝게 받아들이는 공식
속에서 당연한 듯 자연스럽게 가까워지는 분위기로
친근함을 온몸에 맡긴다.
쑥스러움이 주는 기분전환에 부끄러움이 다가와
생긋이 반기는 생기를 품은 부끄러움이
지금의 쑥스러움에 용기를 실어 빠져드는 깊이에서
더 깊게 헤어 나오고 싶지 않은 그 깊이 속에서
체념이 주던 강박의 충동마저 배꼽 잡을 농담으로 세상을
전염시킨다.

사랑으로 서로의 그리고 우리의

또 우리를 통한 모두까지 각자의 결점

그 안에서 편안한 안정감을 가질 수 있는 쉼이 주는 선물

31

조울의 경계 너머의 안식

죽기를 바라는 간절한 원망과 그 원망 너머의
어쩔 수 없던 살려냄의 간격 사이에서 다양한 감정의 기복이
해결되지 못한 숙제로 연속적으로 폭발을 시작한다.

소소한 순간순간이 내게 다가오듯
속삭이는 간지럼힘이 내게 웃음을 전하며
그때그때 마다 내게 보여주며 일깨우는
진리를 일깨우는 순간들이
깊이 더욱더 깊은 어둠과 우울의 감정으로 끌어들이며
살려냄에 대한 보답의 기쁨을 전하는 그 공간을 확인한다.

죽을 것 같은 우울의 어둠이야말로 진정으로 감사함을 전하는

감동의 세레나데임을 알기에

두려움이 사라진 어둠의 공간에서는

이제 연속되는 폭발이 끝을 모른 듯 끊임없는 폭발로

내게 한눈을 판 것에 대한 분노를 맘껏 표출하는 기분 좋음,

폭발해도 상처 되지 않는 기쁨이자 맘껏 즐기며 흠뻑 취하는

절정이 주는 마지막에 풀리는 긴장만큼

진심으로 느슨해진 편안함이 풀어져

내면 깊이 경직된 모든 마비의 증상마저 사그라지는 행복

32

부스러기들로부터 공간이 말하는
진실한 음성

망상 속에 숨어 진실을 거짓으로 메워 해석된 음모가
수면 위로 드러나는 사실을 다시 환상으로 빠트려
차려진 정신의 사실을 다시금 망상으로 빠뜨리는 집단,
순환의 악순환의 연결 고리의 세습,
거짓들의 교묘한 교만으로 비롯될 상대적일
나라는 존재 자체의 흐름과 가유되는 현실 자체로부터
나는 사라진다.

혼적조차 없이 영원성에 부여받은 생명력의 존재

희망참과 벅차오름이 주는 감동을 느끼는 지금

나는 내가 느끼는 내가 맞다.

부정되는 사실과 옳음과 진실이 주는 사실로

경험이 부여하는 궁극의 옳음을 통해 얻어지는 유기체의 숨결,

겉멋에 빠져든 타자들의

상대적일 타자에 존재되지 않는 나는 자연이다.

죄를 일용할 양식으로 좀 먹는 집단으로 드러나지 못하는

사실의 진실이 할 수 있는 것은 아무것도 없다.

33

예술 혼

험악하고 험상궂은 기괴함의 중심에서 더 가깝게 다가가 느껴지는
형용할 수 없는 괴기스러운 기운이 전신을 타고 흐르는 소름
두려움이라는 내면의 감각이 여전히 내면을 순환하며
외면으로 형상을 나타내는 에너지의 심장부에서 요동치는 심장의
아름다움을 알아본 그 순간 빛으로 내게 전해지는 포근함과 함께
따뜻한 이 느낌
잊을 수 없어 시작된 탐구에서는 우주의 자연적인 전개와
함께하듯 그저 인생을 살아가는 현실로 되돌아온다.

자연을 통해 알게 된 새로운 아름다움의 경험에서 나는 알겠다.
두려움이라는 미지 알 수 없는 막연함의 첫발의 떨림
날 이끄는 자연의 아름다움에서는 그간의 나와 함께 된
인간적인 아름다움의 두려움에서 벗어나듯 시작된 나만의 기쁨

닫힌 것도, 모르는 것도, 신경을 끈 것도 아닌
그렇다고 무시하는 것은 더더욱 아닌
누군가 말한 쓸데없는 배려가 내게 주는 선물, 관심을 갖지 않을
수 있는 무관심과 증폭되고 증식하는 궁금증으로부터
아무런 관심이 없는 배려, 나로 인해 순전히 나의 의문으로 생겨날
나와의 필연들에 생겨날 악순환을 처음부터 막아선 무관심

때 묻지 않은 순수의 영역에서 모르기에 더욱더 알 수 있는 세계와
알아도 거뜬한 세상의 문제 될 것은 전혀 존재할 수 없는
인간적인 아름다움의 심장부

34
관계 사이의 완전함을 위해

나는 나무 한 그루를 보았다 아니 보인다.
수많은 나무 가운데서도 나는 안아줄 수도 없을 크기의 나무가
두꺼운 주름을 감싸 안은 녹색의 이끼들과
날 보며 짙푸름을 과시한다.

마치 웅장한 나무가 내게 자신의 세월을 과시하듯
오랜 시간의 세월의 엮임으로 날 끌어들여 나를 받아준다.
내가 생각하는 지금의 정신과
지금을 감각시키는 모든 물질의 차원이 한데 어우러져
지금의 나로 그리고 한 그루의 나무로
함께 소통하고 있는 공간 현실에서
나무와 함께 된 공기와 나무를 통한 그림자가 주는 시원함

이마에 맺혀 흐르는 땀방울의 시원함이
나무가 내게 주는 감각이자 선물이다.
골똘하게 몰두하며 여념이 없는 내가
항상 다니던 그 길 그곳에서
늘 한결같이 언제나 똑같이 날 감각하던 그 한 그루

내가 태어나기 훨씬 전부터 거기서
지금의 이 나이를 먹도록 내게
나의 의문에 마치 나인듯이
언제나 그 자리에서 꿋꿋함을 가르치던 너에게
오늘 좀 더 깊음을 배운 나는 이제 자연스러운 대화가 시작된다.
고맙다.

35
박멸, 여우와 곰이 힘을 합친 벌레

확인이 필요한 지금 확신을 갖고 싶은 몰두와 집중으로
여념이 사라지는 공간에서 무엇을 확인하고 확신하는지
알 수 없는 궁금하지 않음이 내 눈을 감긴다.

나를 통해 보려던 세상들, 어둠 속에서 불을 밝힐 수 없는
검정이 주는 두려움 앞에 발달된 감각들이
곤두서 들이쉬고 내뱉는 호흡의 소리와 함께
감각되는 파동으로부터 느껴지는 기운은
두려움에 오그라든 수축과 그로 인한 확장의 영역,
한없는 이완의 느슨함이 주는 맥 빠짐
무엇을 보려던 것인지 알고싶지 않아
닫힌 그무엇도 알수 없는 경계

될 데로 되라의 누구인지, 누가 무엇을 하려는 것인지,

신만이 알수 있다는

거기에선 아무것도 모를 무지의 무식함이 주는 안정감으로

파고들던 수축과 이완의 하나된 작용에선

무지인지 무식인지 모르고 달려들던

맥빠짐이 알게되는 철두철미의 철저함에

더는 빠져나갈 맥빠짐도 존재되지 못하는

무력한 무기력

36
가유, 외면이라는 그 밖의 것들

아무것도에서 더 아무것도 아닌 무의 공간에선 시간의 존재조차
정립되지 못해 처음 눈부심이 뭔지도 모른 찡그린 인상씀을
처음으로 감각이라는 인식조차 하지 못한 영역

빛을 인식하게 됨으로 생겨나는 좋음과 싫음
그리고 나쁨까지 도착되어
이로움과 해로움을 인지한 행함으로 시작된 처음,
단세포의 아메마로부터 알게 되는 순수의 감정,
좋은 것으로 싫은 것을 배제하며 또다시 반복될
싫음을 위해 나쁨으로써 좋음을 계속 유지하고 싶은 지능을
가지는 그 즈음

나는 그렇다.
딱 그 즈음 다른것을 신경쓰기 시작하게 된 눈치를 일깨우며
일깨워진 그 순간의 방대함을 감당한다. 내게 눈치를 쓰고 있는

물질의 현상과 작용으로부터 좋음과 싫음 그리고 나쁨을
분별하는 광활한 작용이 시작되는 날카로운 눈매의 갈라진
헛바닥을 수용한다.

나로 나로써의 부족한 지혜를 채우기 위해 시작된 의식
깊게 깊게 더 깊게 잠든 나의 꿈속에서 선명하게 날 감각시켜
내 안으로 비집고 들어서는 일심동체

지구라는 어머니가 품은 방대한 야생의 짐승의 창자
그 속의 미생물들이 가진 영향력의 세계속에 연결된
미세하고 섬세한 감각들이 하나로 일심 되어 시작되는
의식이 주는 언어의 소통
나도 모른 세상의 만물들과의 대화 속에서 우린 처음부터
만날 수밖에 없었다.
그렇다.

37

시인의 영혼

오늘 밤, 달빛이 주는 감정들에 취해 빠져든다.
투박하게 들리는 소리가 나의 귓가로 그리고 마음으로
같이 들리는 음의 공간에서 어떠한 입자들의 충돌음이
울려퍼지며 나의 꿈 그 깊은 곳에서의 체계화 된 암호들의
분주함을 해석한다.

누군가 보았고 누군가가 느낀 지금의 그 감각들이
하나의 현실이 되어 현상과 조짐으로 완성될 다음의 상황들에서
조작되는 모든 것들
내 눈앞에서 나타나 형태가 완성되는 상태를 탄생이라 해야 하는
것인가?
창조이자 창작인 지금의 영역의 재탄생이 주는 부활 역시
누군가가 할 수 있다면 그것은 신이 된 것인가?

인격들이 말하는 신의 차원과 지금까지 내가 배운 것들
그 밖의 세상에서 소소한 순간 순간이 내게 전하는 그 기쁨이
주는 자유함을 느낀다.
얽메임 없이 순리를 거스르지 않음으로 알수있는 삶
그리고 죽음의 경계에서 행복이 주는 기분좋음이 끝나지 않길
바라는 만큼 죽음에 대한 부정적인 거부와 그 거부를 넘어선
순리까지 받아들이며 두려움으로부터 자유로울수 있다.

고요하고 평화로움 속에서도 여전하게 요동칠수밖에 없는 맥박과
심장이 보내는 기계적인 익숙한 흐름조차도
여전하게 시간의 흐름으로부터 거스를수 없기에 자유롭다.
새롭게 시작되는 현상들과 함께 감각되는 조짐들에 희석되어
자연스러운 흐름에 좀 더 가깝게 깨어나 세밀하게 내게 관여되는
삶의 일부를 함께한다.

38
맞았어

싫은데 더 싫어지는 싫음

그게 더 싫은 진행이 시작됨을 알수있는 삶으로 도착되어서는

앞선 두려움이 온 몸을 휘감아 어찌할 바른 모른 두려움이

본인에 대한 그리고 자신에 대한에서 더 깊은 자기에 대한까지

도착되어 스스로에 대한 본모습을 자신에게 숨길수 없는 어쩔수

없는 나로

나는 나 자신에 대한 생각을 멈춘다.

오로지 싫음뿐인 현실

나 자신을 부정할 수조차 없이 본질적인 자신에 대한 불만을

지나 비판적인 불신만이 가득 찬 상태의 두려움...

너무 무섭다, 라는

지금 무엇이 무서운 것인지조차 완벽하게 알고 있는 나 자신은

나에 대한 미움너머의 싫음 근데 더 싫어짐으로 내가 나 자신을

감당할 수 없는 지경에선 배울 것이 이것 뿐이다.

싫어도 살아야 함에 살기 위한 타협과 조율로 버팀,
버티고 버텨 견딤으로 극복까지 가기 위한 여정에 할 수 있는
것은 좋음 오로지 좋음만을 찾아 나설 뿐이다.

더더더 좋음 그래도 부족한 좋음
계속된 갈구로 감당하지 못하는 함께 들이 외면과 피함
그리고 도망침에서도 그래서 더더더 좋은 절정
인내의 끝에서 얻을 수 있는 위치로 도착된 결과의 수와 정답이
찾은 말

39

선악과

섬세하고 교묘하게 상처 주는 방식에선
더더욱 교묘하고 세밀한 방대함이 주는 방식으로 다가온다.
스스럼없이 죄책의 감 또한 무용지물인 거침없는 형식이자
미소를 품은 압박 모든 규칙과 제도로부터 오류만을 찾아
없을 수가 없는 뒤가 필요한 어쩔 수 없음이 만들어 놓은
고정된 틀, 그 안에서 놀아나는 세상

섬세하고 교묘하게 상처받는 방식들의 먹잇감들이
모여드는 세상 속으로 거침없이, 그 세계로 두려움 없이
내게 따라 붙은 거기서 거기들의 뻔할 그 끝에서부터
다시 시작하기 위한 비움의 방식인 죄지음과 받음
그리고 회개에서 구원까지의 고정된 관념의 틀이자 그
흐름으로부터 탈피된 죄인
그리고 벗어낸 허물의 움직임

5장

이로움의 선, 해로움의 악

틔움

봄 내음의 향긋함
사라락 흩날리는 봄바람의 기운이 감싸고 도는 사랑스러움
고드름에 다가온 사랑스러움에
녹아내린 촉촉함이 이슬방울과 함께 톡 하고 떨어지며
가슴속 깊이 얼어있던 차가운 시림이
무언지도 모른 감정을 감각한다.

처음이라 알 수도 없는 감정이자 모르는 막연함에
쑤우욱 들어서는 생경함이 두려움으로 인식되어 아이러니한
왜 이러니 나는 모르겠는 따뜻함과 알 수 없어 미지로운 감각들이
전하는 기쁨, 환희 그리고 탄성을 자아내는 불꽃을 싹 틔운다.

시작되는 온기는 점차적으로 따뜻함을 가진 생명으로써
온 만물에 관여된다.
깊이깊이 잠든 세상의 생물들의 꿈속으로 전하는 사랑의 물질
깡충 총 총 다가와 귓가를 간지럽히는 속삭임
모든 것들과 함께 얼어버린 냉기가 전하던 사랑과는 전혀 다르게
느껴지는 따뜻함이라는 사랑의 다른 차원
사랑하기에 함께 꽁꽁 얼어붙은 냉기가 처음 느끼는 감정의 순간
시작된 새로운 사랑

울창하게 우거지며 생명을 주관하는 모든 강줄기를 타고
더욱더 드넓은 세상으로 만물에 피어오르는 깃듬
봄의 생령

41

이로움에 상반된 크기

도착된 사실이 주는 슬픔과 일깨워진 슬픔이 동시
아니길 바란 간절할 뿐인 마음
그 마음의 아픈 절절함에 불빛을 켠다.

바라는 것의 실상이 주는 허상뿐인 허울로부터
돌아서 행함의 행이 주는 결실의 성과에 이마에 땀이 맺힌다.
송골송골 맺히는 땀방울만큼 드러나는 실체의 본색에선
황폐하게 메말라 타들어 가는 황무지의 건조함이 무색하다.

심통 난 심술의 표정이자 새침한 새초롬이 전하는
본인이 옳다는 진리의 억지와 쥐어짜는 진물 뒤의 골은
내 너머로 진동하는 썩은 내를 감춘 향기가 무색하다.

아무런 색을 갖지 못한 사악 본색의 바탕 어쩔 건데 라고 되묻는
다음을 대비하려는 뻔뻔함의 질문에는
무가치라는 단어의 쓰임조차 아까워서 아낀다.

아무도 함께하지 않는 세상의 표정이자 텅 빈 실체의 심상
사악을 담은 그릇의 크기

42

고결

각각의 살아 움직이는 물질들이 점차 모여들어
제각각 질서 정연하게 각자의 위치로 모여든
구름, 공기 그리고 햇빛과 함께
빛나는 검푸른 파도의 일렁임과 함께 일렁이는 대기의 움직임

무엇을 표현하려는 것인지 알겠는 하나의 표정과
지금의 상태를 나타내는 세상의 암시로부터 시작되는 파동으로
널리 널리 퍼져 나아가는 현상의 미세함에 감각된
단순 실체들의 움직임과
동시에 기억을 동반하는 혼 이라는 개념이
동물의 신체와 결합하여
동물의 개체를 이뤄내며 생겨나는 감정을 조짐을 감각한다.

감각되는 의식적 자각의 정신 개념으로 정립되어
현상과 조짐에 의한 법칙에 진리의 영원성을 받아들이며

행운의 미소와 후회의 얼룩을 한데 엮어
가닥 가닥을 지으며 하나의 표정을 가진 나의 심상을 나타낸다.

나는 마음을 가진 나로써 대상을 인식함에 있어
너에 대한 나의 마음으로
나에 대한 너의 마음과의 함께 된
혼자는 할 수 없는 우리를 믿는다.

사랑에 빠진 물질을 먹고 마시며
널 사랑하고 너에 대한 경외 됨을 무시하지 않으며
네가 갖는 나에 대한 깊음을 알기에 그 심오 너머의 기적까지도
믿을 수 있다. 영원히 흐르는 사랑

43
무심이 갖는 진심

열심히 하루를 다하는 최선의 결과와

성과 뒤따르는 희생의 어쩔 수 없음에 들러붙는 산물들로부터

벗어나기 위해 열심히 하루를 다하던 최선으로 자신을 희생하지

않는다.

본인 스스로를 희생시켜가며 얻어지는 영광의 부질없음을 알기에

영광의 상처를 드러내지 않는다.

공존하는 세상들과 공생하며

서로의 안위가 걱정뿐인 사랑들이 서로를 위한 최선으로

슬픔, 아픔 그리고 고통으로 인한 번뇌와 고민에 가려진 얼룩들의

실상을 알기에 나서지 않는다.

희생을 강요하는 얼룩들의 불순함으로부터 분별하는 본인을
지켜가는 하루에서
하루하루 분별을 마쳐 파악된 그 상태로 일거수일투족을 낱낱이
파헤쳐 백전백승의 적으로 만들던 사악의 어둠이 다가옴을 먼저
차단한다.

모든 것의 파악을 끝마친 내게로 그간의 억울함을 해소시킬
엄청난 에너지
그것과 동화되지 않기 위한 이제껏 수고는 나에 대한 감사의
연속된 작용이다.

44

self-healing - 절대 고독이 말하는 행복

너무 멀리 와 있는 느낌으로 시작되는 이제부터는 기다림뿐인
마냥, 넋을 놓은 듯이 기대감에 지칠 때쯤이면
어김이 없이 나도 모를 충동으로부터 나를 절제시켜
무르익어감을 보여준다.
참을 수 있다, 라는 그 지점과
그 시절의 해야 함에서도 느껴지는 세대 간의 차이를 알기에
모른 촌스러움이 주는 그렇다는 그곳에서
난 타임머신을 타고 촌스러움이 주는 세련됨을 발견한다.

너의 외로움이 여전히 나를 부르고 애타게 찾아
그로부터 멀리 도착된 내게서 지금 새롭게 설렘을 알게 된 나
자신이 사랑함에서는 또 넋을 놓은 듯 기다림에 지칠 때쯤이면
그간의 절제된 나의 충동의 분출을 제어한다.

절제와 제어, 분출 그리고 과거의 과오로부터
후회와 죄책이 주던 무게감에 짓눌린 슬픔이
해결하지 못할 것 같은 낙심과 절망으로부터 도망쳐 도착한
그곳의 어쩔 수 없었다는 현실적 감정과는 별개로
가장 외롭게 높은 곳

시련이 느껴져 고통이 안겨지는 너의 감정이 이끄는 외로움,
모두가 도망치고 남겨진 온전한 너와 그곳에서 기분 좋게 널
바라본다.
이제 만나니까!

45

길들여진 기계적 순환에 전하는 파동

저절로 그리고 자동으로 되는 현상 그 자체가 가짜인 현실
자연스러움을 거부하려는 몸짓과 순리를 거스르려는 순간
드러나 걸려들어 낚인 월척이 뻐끔거린다.

자연스럽고 싶은 자연스럽지 않은 부자연스러움이 부리는
억지스러움에 당황하거나 놀라지도 않는다.
그저 그런 어색함이 분위기에 익숙한 듯이
스며드는 무정의 함을 부리는 현실의 터벅거리는 걸음걸이는,
아무런 정을 갖지 못하는 슬픔이 전하는 가짐으로

정을 받은 적이 없어 정이 무엇인지도 모른 채

자신을 향한 분노조차

정을 그리워하는 본인을 모른 무정의 분노로 자연스럽게

시작된 정리

46

감각 육체

숭고함을 알아차린 정신이
지금 나의 육체에 대한 고민을 털어놓는다.
육체의 노예로 남기를 거부하는 거부감이 시작되어
육체에 대한 과도한 걱정이 주는 스트레스로부터
육체가 지배하는 우울한 요구사항을 뒤로한다.

지배되며 어쩔 수 없던 강제성으로부터
강제적인 현상들에서 벗어남으로
인간의 형체를 벗어날 준비를 끝마치면서
육체만 남겨진 후
그 마지막이 어떨지 궁금해하지도 않는 정신에
배울 점이 많다.

완성된 정신들의 해방으로 어찌할 바를 모를 육체들이
거칠게 항의하는 다양한 시도로부터 이해할 수 있는 것은
아무것도 없다.
완성을 바라는 정신의 확장을 막아선 육체의 신중함의 현재는
연속되는 지금으로 지금을 창조할 수 있다.

47

부푼 기대

들어서는 시험에서 난 또 그에 상응하는 감정으로

그 뜻에 대해 대응을 한다.

분노, 역정, 대노의 내 안의 다양한 감정들에 자리를 잡아

한꺼번에 정리하기 위해

이끄는 그곳이 어디든지 거스를 수 없음을 알기에

흐르는 그 흐름에 몸을 맡겨서

육체적인 부담이 생겨나지 못하도록

오로지 그뿐인 지금에서는 무엇인지 모를 기대의 감을 부린

내면의 세상들이 외면의 공기와 호흡 되어 내게 잔뜩 기대시킨다.

부풀린 기대만큼 커진 감정이 실망하여

그 순간의 기절과 시작된 낙심의 끝에서

절망을 통해 지레 겁을 먹은 도망들로부터

혼자인 나는 정신을 다시 차려 시작된다.

새로운 시작과 함께 다시 시작하는 경험이 주는 특별한 지혜로

지금의 상처를 아물리기 바쁜 그 와중

새롭게 다가오는 진행의 흐름에서는 역시 합격한 통과로

이후의 시작될 새로운 시험에 대한 두려움보다

샘솟는 기대감에 도전의 가치는 충분하다.

밀도 있는 대화

지금 그것은 중요한 것이 아니다.

사소함에 정신 팔린 그 짜증의 농간에 바쁘게 놀아나며 안심한

세상들에서 여전히 놀고 있는 그 즐거움에

무엇이 중요한 것인지 물어보기도 급급해

잡아끌어 도착한 여기에선

또다시 사소함에 정신 팔린 어리둥절에

포기를 모른 채로 농간의 놀아남에서는

또다시 안전한 곳을 찾아 여기로 이끈다.

그리고 또다시 시작되려는 그 순간,

사소함에 정신 팔려 정신없는

그때 진심 어린 걱정의 순간이 이끄는 자리에서

아무것도 모른 채 자신의 농간에 놀아나는 본인에게서

스스로를 자리시키는 철든 지혜의 농간과 시작된 대화로 걱정

없다.

예견

한을 풀어가는 세상들의 삶 속에서
풀리는 한 만큼 다시 새롭게 만들어지는 한 들에서
덤으로 살아가는 덤을 만드는 인생들의 삶을 바라본다.

덤을 만들지 않는 외로움과
처음부터 덤이 없는 외로움의 조우 됨을 확인하며
여한을 남기지 않는 기쁨에선 그저 아무 감정은 없다.
최선의 끝에 낙심된 실망이 말하는 여한 없음과는 상반된 여한이
많아 여전히 포기할 수 없는 최선에게 최선은 없다.

익숙하게 무한히 반복되는 일상이 주는 누군가의 최선이
또 다른 누군가에게는 그저 별일이 아닌 무심한 일상
생각이 주는 지혜의 깊이만큼 벌어진 차이의 격차

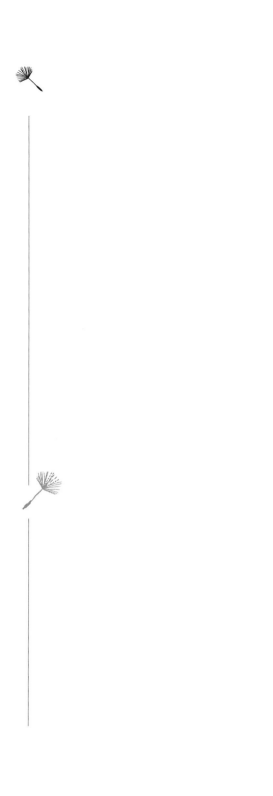

6장

·

감각, 감정 그리고 느낌

50

백색 무음

상황이 무엇을 요구하든 기대하고 끝자락을 가만히 응시한다.
어떤 것을 볼 수 있는 것인지 보여지지 않는 어둠에서는 보여지지
않기에 없다.
없다, 라는 영역에서는 어떻게 끝이 난 것인지 끝을 알 수 있다는
지금의 공간이 주는 예지력

나라는 중심에서 무엇을 불러들이는가?
어떠한 것들을 흡수하고 무엇을 보며 나는 지금 누구인가?
도시는 지금 과거인가?
현재인가?
미래인가?

어떤 것이 궁금한 것이며 의문하는 궁금증들이
신경을 쓰지 않기 위해 집중된 그곳에서는 아무것도 모르는
그 표정이 주는 다 알고 있음

알면서 모른 체 하느라 더 힘든 실상을 알아본다.

그렇게 길다, 라고 판단하던 일생이 지금 한 번뿐인가?
내면에서 울려 퍼지는 다양한 일생들의 연속된 음성이
메아리치듯이 울리는 지금의 감정들은
해결의 끝이 없는 그 끝에서 해소가 무엇인지 또한 모르겠을

절대 아름다울 수 없는 잉태의 난해한 언어
알 수 없는 공식의 지겨움의 재해석은 무엇을 자랑하며
키움의 수고를 앗아가는 것인지 신의 응답 속에서 절정을
맞이하는 죄악의 속죄
그것을 사실이라 굳게 믿고 싶은 추악의 죽음

아무 소리도 내지 못한다.

51

정화

눈물을 내게 떨궈 전신으로 감각되는 그 슬픔의 의미
두려움과 함께 다가온 지금의 현실에서 난 슬픔의 이유조차
알 수 없던 억울한 사념들의 세계에서 정령이 보내는 메시지를
해석한다.

전율의 두드러지는 감각과 시작된 무언의 탄성 앞에 깊게 탄식 된
침묵이 고개를 떨군다. 어쩔 수 없는 것은 아무것도 없는 궁극의
옳음이자 영적 존재가 전하는 메시지의 무궁무진함이 전하는
인격은 알 수 없는 정의
억울함이 무엇인지 왜 인지도 알 수 없음에 드러나던 본색들의
정색에서도 날 위하는 나의 마음이 아닌 정신들

다른 날을 위해 애써 모른 체 알고도 당하게 만드는 존재들이
날 감싸고 돌아 지금부터의 미래이자 닥처올 미래의 그 어떠한
위험으로부터 감당할 힘을 키우고 있는 시련의 고뇌가 묵직하다.

잠든 나의 굳게 다문 입을 열어 그 속으로 들어서
자리를 잡은 혀의 지혜가 입안 가득 퍼져 새로운 맛을 일깨운다.
지금과는 다른 거대한 기업의 현혹과 유혹에 병든 입맛으로부터
날 지금으로 이끄는 현실의 정체,
억울함 너머 사소함뿐인 인격들의 난동 너머 충동을 지나
억제하는 절제의 자연스러운 익숙함이
이제 준비를 마쳐 시작된 시작

거침없는 영적 존재들의 기분전환

52

다른 듯 닮은 내면과 외면의 동일성

처음 마주쳤을 때 아무런 뜻은 없었다.

단지 이끌렸었지, 그리고 마주했다.

내게 마주 된 너 주변의 상황을

내게 활짝 미소 짓는 너의 주변의 표정에서

글쎄 난 모르겠다. 그냥 네가 좋다니까 그렇게로 왜 좋은지

궁금하지 않은 채로 너에게 날 나에게 널 끌어들인 주변 그 모든

상황을 모두 이해한다.

넌 아무것도 알지 못한 채로 그냥 그랬다.

그랬지 내게 아름다운 미소를 보여주었다.

모두의 앞에서 모두와 함께

지금은 알 수 없는 너 그 모두로부터 시작될 순환으로부터

일깨워지는 너의 감정에 눈치 보게 될 세상들에

먼저 눈치챌 수 없게 시작된 상황의 해석이

너와 나를 우리의 모든 주변으로부터 우릴 감쌌다.

이제 시작될 눈물을 아껴 우리의 그다음을 위해

모두와 함께 행복한 너의 미소는 울고 있는 너의 마음이

지치지 않도록 위로하고 있는 나로 더욱더

내가 슬픔에 잠겨 들지 못하게 너로 더욱더

우리의 만남으로 멈추지 못할 슬픔의 세계로 우리가 끌려들까

두렵던 너와 너들과 함께 된 기쁨이 나와 나들인

우리의 미소 속에서 떨어지는 눈물 한 방울

우리에게만 보이는 숭고한 아름다움이 시작된 행복

53
마무리

무엇을 위한 보호이고 어떤 것이 키움인지
궁극적 진리가 주는 이해력 앞에 생겨나는 오해의 당연함으로
생겨나는 오해의 한도 끝도 모를 그 끝을 계속 향하는 그곳에
오해가 다다른 거기에선 이해력은 없다.

무엇이 먼저 시작되었든지
무엇이 나중이었든지
그런 건 전혀 중요할 게 없는 현실이 주는 압박에서
이것도 그렇다고 저것도 정답은 아닌 생존을 위한
생의 본능과 사의 본능에서 중심을 잡기 위할 뿐인 현실을
이겨내기 위해 앞선 작용들로 난해한 어지러움이 흔들거린다.

아무도 할 수 없는 신의 영역에선 지금 모두가 동등한 연의 깊이

현재라는 육체와는 전혀 상관없이 뒤엉키듯 뒤죽박죽이라는

질서 정연한 차원들의 교차한 현상 앞에 조짐이라는 뜻은

전혀 중요하지 않은 준비만이 필요할 뿐인

무표정, 무감각, 무감정의 세계

54

유리 정신

바뀌는 생각을 막아서는 마음들과

할 수 없는 것을 하게 만드는 막아섬의 부작용이

더 생각을 작용시켜 막아서던 마음의 혼란이 정신으로 다가선다.

온전히 하나만을 생각하는 마음이 모든 생각을 막아

오로지 그뿐인 신경꺼짐

꺼져버린 신경으로 무감각 된 감각에 감각되는 지겨움이 본인을

휘감는다.

본인의 과거이자 지울 수 없는 행함의 기억을
떨쳐 내지 못하는 떼어낼 수 없는 살점으로
너덜거려 갈라지고 메말라 쩍쩍 갈라진 황폐함이
이젠 그 무엇도 꺼트릴 수 없는 신경의 난동 부림으로
힘들고 지치는 정신이 맛을 알아버려
맛에 취한 어지러움의 아름다움에 취해 버린다.

취할 대로 취해 버린 어지러움과
쓰러질 듯 말듯 맨정신의 갈팡질팡
시작도 못 해보고 꺼져버린 영혼의 정신이 깨질까 위태로워
어쩔 줄 모른 자신이 안쓰럽다.

55

적응

우성의 우월한 걸음걸이가 실로 감탄스럽다.
척추를 지녀 꼿꼿함을 앞세운 두 발로 당당한 사뿐사뿐
6개의 발이 3개의 몸통으로 촉수를 내세운
새까맣게 바닥을 기어 다님에 비웃는다.

하찮은 미물에 대한 조롱과 멸시도 감각하지 못한
기어 다님에 오로지 혼자 뽐내고 있는 가증스러움에서
어이가 없다.

날아오른 훨훨 그게 뭐라고
무엇에 당당한 것인지 무엇에 상실된 것인지
혈기를 잠재운 세상들로 다가선 거침없는 웃김에
그냥 내려다본다.

기겁하듯 기절하는 날아오름으로
열성의 단합된 하나의 형체
그 영향력에 지레 겁먹은 두려움의 기절
날뛰는 요동으로부터 진정 찾아 자리를 나선다.

요동이 내려가는 길목에 생겨나는 진한 향기

56

신비체의 형상

돌고 돌아 계속 도는 입맛에 취해 버린
마비가 부리는 미소가 우습다.
취해버려 돌고 있는 지금 이 맛은 무엇인지 알지도 못한 채로
꿀떡이는 어지러움이 해롱거려 해롱해롱 빙글 뱅글 당기고
이끌어 찌푸려진 인상의 찡그림이
좋은 건지 싫은 건지 알 수 없는 그 메롱 거린 기분 좋음이
계속 돌아 눈 뒤집히는 기계적인 순환에
맞춰 돌고 도는 그냥 돌고 보는 에라 모르겠다

.

중독의 갈구에선 증식하는 세포의 즐거움이 왕성해 기운 받은
엄청남에 더는 함께 할 수 없어 아무 말도 할 수 없이 할말을
잃은 무가치가 가치를 찾아 다가가는 그 길목을 막아선 좀이
득실거려 가렵다.

근질거린 가려움의 증상, 증환의 환장 좋아 죽는 너무 싫어가
너무 좋아 깔깔깔이 계속 반복하는 악순환의 계속된
오류작용에선 걱정할 게 없는 안심이 다가와
계속 진행 중인 건강의 행보, 영역, 차원, 세상 그리고 인격

57

삼위일체

손길의 온정 따뜻함의 다양한 종류를 확인한다.
버려지는 손길 안에서 새로운 희망을 찾고 있는 발길들로부터
무엇을 찾기 위해 나선 것인지 도착한 산더미에선 다양하게
존재하는 차이를 알 수 있다.

버려진 손의 궁핍, 알 수 없는 이유로 행동하는 애절한 안타까움이
눈시울을 적신다. 젖어 드는 슬픔만큼 더 희망을 품을 수 없는
궁핍의 난처함을 알기에 난감하다.
생겨나는 감정을 아껴 차이로부터 보여지는 넉넉함에서 알 수
있는 감각을 키운다.

여유가 없는 향기를 가진 목마름이 갈증을 해소하려
밤이고 낮이고 뚜벅이는 퉁퉁 부은 그 발목의 시큰거림의
안타까움을 알기에 이곳저곳 헤매던 과거 스승들의 발걸음을
따르는 발길엔 언제나 함께 된다.

스치는 그 인연의 바람조차 쓰라린 시림으로 언제나 그 자리
여전히 어제의 그곳에서 날 향해 용기를 전하는 거목의 정신이
함께 옆에서 뿌리내린 새싹들의 새로운 싱그러움으로 슬픔에 젖어
든 눈물을 삼킨다.

어디든 여유가 있는 그 공간을 비집고 들어서는 아낌의 손길에
아까움이 무엇인지 알 수 없던 오로지 지금 당장 생존뿐인
삶이 고개를 들어 궁금함을 전한다.

그 또한 알 수 없어 알려주기 막막함에 어찌해야 할지 모른
상호신뢰의 혼란에선 어떻게든 혼란을 잠재우는 나섬의 다가옴이
굳이 그리고 왜 나라면 어땠을지 모른 온정의 손길에서 또
무료로 받을 줄을 모른 어지러움에 궁금함과 도움이 함께 혼란해
어지러움이 하나 된 순간은 해결을 시작한다.

그렇게 함께 조우 된 인연의 시너지
진심의 감사, 어쩔 수 없는 인연의 도움의 진심과
함께 진심뿐인 진심

58

survivor

수고와 노력으로 이루는 성과를 보며
기분이 좋아지는 자연스러운 반응
그 자연스러움과 반응이 하나로 엮이기까지의 고됨이 실로
대단하다.
고되고 고된 현실이 주는 벅참, 벅차게 다가오는 현상의 조짐이
참으로 어렵게 말을 꺼낸다.

무엇을 위한 수고이고 어떤 것을 위한 노력인지
각자만의 삶의 방식이 주는 다양한 겪음으로 생겨난 산물이
거대하게 커져 각자만의 노하우로 지금이라는 당장에서
시대 정신에 부합되어 거대하게 유영하는 신의 응답의 형태가
엄청나다.

대단한 기운들이 한데 엉켜

개개인 각자의 영역에 개입된 분산의 형태,

마치 무엇의 꼭두각시인지 미소를 잃지 못하는 어릿광대는

완성 시키는러 그것이 무엇이든 거스를 수 없을 진리라는

사실의 바탕에서 모두가 똑같을 표정이다.

맛에 취해 버린 맛있어, 멋에 취해 버린 멋있어로

아름다움과 숭고함의 퇴색된 진리라는 진실의 이면 중독의 깊이

서서히 물들여 좀먹는 거대 기업의 기분 좋음으로부터

맞설 수 없는 한낱 미물이 하고 있는 자연스러운 반응, 생존

59

친절

아무것도 건들지 않는다.
뭐 묻을까 보고도 못 본 척 알아도 모른 척 괜히 휘말릴까 싶어
기겁 또는 그런 식으로 즐길지언정
어쨌든 간에 전혀 신경 쓰이지 않는 상태가 지속적으로 유지된다.

아무도 알지 못한 그럴 거라는 추측의 난무에서도 조용한 편안함,
모두에겐 어둠이자 누군가에겐 처참과 참담이라는 억측 판단으로
만들어버린 음흉의 미소를 느끼게 만드는 전기적인 파동에서도
전혀, 그 파동과 함께 전달되는 무수히 많은 신호로 보상을 받는
상태

깊이 아주 깊은 심연에서 느낄 수 있는 편안한 보상과
긴장시킨 흥분상태의 그 고도 집중 상태마저 안정적으로
사용하는 잔잔한 평정

7장

•

성장, 변화의 움직임

60

escape

알 수가 없는 느낌과 궁금하지도 않아 전혀 닮고 싶지 않은
왜 그랬는지조차 알고 싶지 않아서 알아야겠는 두려움이
전신을 감싸고 돌아 떨리는 상태로 그래서 더 알아야겠어
전진한다.

떠 올리기조차 버거운 그 기억 속에서 무슨 일이 있었길래
무엇 때문에 왜 그런 것인지
그리고 그럼 어떻게 해야 그런 일을 겪지 않을 수 있는지에 대한
가장 중요한 문제로부터
버거움도 도망침도 견딜 수 없다는 투정 섞인 감정마저 아껴
해결의 실마리를 찾는다.

생각이나 상상으로도 전혀 감당할 수 없는 것에 대한 인내와
그렇다고 해서 절대로 포기 할 수가 없는 감내가
수용으로 누구나 가질 수밖에 없는 두려움을 떨쳐내고
털어내기 위해 감각하는 감각에 지금을 감싸 안은
위기의 물질들로부터 작용의 현상을 해석하고 분별해
기회의 빛을 바라본다.

눈을 감고 모든 감정폭발을 수용하는 자세로
감당 이후 다시 눈을 떠 보이는 빛줄기

감격

이 방법이 최선인 결국에선

처참하리 만한 암울이 감싸 안은 감정의

최악의 최악이 길이고 진리인 이상향의 표정이 오묘하다.

지금의 모든 물질로 완성된 무기체의 형태로부터

무기체의 슬픔을 이해한 난해한 해석이

즉자와 대자가 어긋나 불평등한 현실의 균형이 걸맞아

그게 다행인 안심이 이상해 갸우뚱거리는 현실의 어지러움은

감사함이 변형된 기쁨이자 마지막 남겨진 자존심이

빛을 발하는 최종 마지막 단계의 기쁨

사랑하지 않으면 아무것도 소용이 없다 라는

사랑이 표현되는 위치

정중함의 형태

차갑게 서린 한기가 내게 파고들어 감싸고 도는 미소는
의욕을 잃어버린 허망의 오묘한 표정으로
나락으로 떨어지는 의욕이 타락된 날갯짓에 힘겨움을 덧입는다.

솟아오른 이마의 뾰족함은 죄로 얼룩진 심장의 균열로부터
균열을 더욱더 미세히 분열시키는 작용이 희망으로 얼어붙은
지금을 깨우는 내면, 그 안의 감각, 나도 모를 무의식적 순간
그 안으로 빠져드는 헤어 나올 수 없음이 지금을 감각시켜 감각된
현실의 덧씌움의 연속된 다중 현실들로부터

나를 지금의 지금의 지금으로 연속 시키는 자기복제의 다중인격이
합심한 분열과 균열을 세분화 시킨 세포의 균형이
불균형의 속박으로부터 현실을 재구성한다.

나는 바깥이며 현실이고 내면이며 중심인
요동치는 파동의 정박자의 리듬 속에서
누군지, 무엇인지도 모를 순간 나의 과거로 와 있는 지금,

스스로 얼굴을 붉히는 자신만 알고 있는
숨기고 싶은 자신의 민망한 부끄러움을
내 안의 창피로 자리 잡는 타자의 도피로부터 자연스럽게
거부한다.

63

신의 언어라 일컫는 윤회의 흐름

돌고 돌아 다시 돌아와서 다음을 이어 그다음으로 이어지는
지금 밑바닥까지 웅장하게 내리깔리는 공기의 무게감 안에서
모두 숨을 쉬듯 이끌려 공중으로 들어 올려진 둥실의 공간에선
모두가 함께 존재하는 영원의 공간을 완성한다.

거대한 손에 안기어 어루만져져 시간이 존재하지 않는
영혼들의 편안한 숨소리 안식을 받아 편히 쉴 수 있는
모두가 함께인 세상에서 조우 된
함께 준비되어 준비된 세상이 함께로 이끌려
다음으로 넘어가는 영원의 문이 열린다.

64

선구자

처음의 맨 처음에서 알고 있었던 그 지점이자 어디서부터인지를
알아야 그때로부터 바로잡을 그곳의 관계들의 다양함이
알아가고 알게 될수록 알게 되는 그때의 감탄이
먼저 스승으로 받아들일 수밖에 없는 감동을
함께한 스승의 곁 모두로부터 바깥에 안착한 내부의 중심에서
이제부터 생겨날 오해의 다중 현실로부터 하나로 완성된
다중인격의 교차점이자

만감의 통로인 다중현실이

블랙홀과 화이트홀의 영향력이 단합된 현상의 중심 속으로

아득히 빠져드는 공간으로부터

바깥인 시선이 이끄는 이끌림에서는 중심을 잃지 않는

자리에서 여전히 돌고 도는 순환이 시작되어

다시 돌아와 처음이자 맨 처음의 그 앞에 생겨난 공간인

지금이 연속된 순간이 바로 나인 개념, 탄생과 죽음의 순환

65

탄생

본능적 순수의 경쟁 속에서

먼저 자리를 잡아 안전한 곳에 안착하여

시작된 분열과 함께 저장되는 세상의 다양한 기억 속에서

먼저 받아들여지지 않는

한번 걸러진 상태로 그 다음의 느낌을 기억에 저장해

쌓이는 기억과 함께 더욱 왕성하게 분열하며 형태를 만들고

터득하는 몸의 기억 이전의 생장으로

스스로의 특징을 짓는 지속적인 일관된 법칙이자

타고나는 영역 안에서

유전적 우성인자만을 수용하는
터득으로 거스를 수 없는 움직임과
거역할 수 없는 단순한 법칙에서는
공격당함으로의 인식에서
철저히 싸워 이길 수 있도록
더욱더 거대히 그 거대함으로 제압해
세력과 영역을 키워
그다음으로의 이동하는 시작의 첫 호흡

할 말이 없는 세상의 깊이 속에서
대답 없는 목소리

맡겨둔 것이 무엇인지를 알고 찾아오는 것인지
결국 무엇을 가져가고 싶은지가 의문으로 다가와
왜 최악은 끝났다고 생각하는 것인지와
왜 자신들의 본 모습을 보고 싶어 하지 않는 것인지
드는 의문에선 그럴 수가 있겠어서 나 자신을 바라본다.

왜 자신들의 본 모습을 보곤 어떻게 해서든 그 모습을 떨쳐내려
드는 것에선 설마에 속은 것인지 싶어
속은 것을 속지 않게 알려주는 거기에선 결국 속은 것이 아닌
그냥 외면한 것에 의아해 다시 나를 바라본다.

버렸고 떨쳤다는 의식의 흐름속에서
안타깝게 흐르고 있는 눈물은 무엇을 씻어내고 있는 것인지
버릴 수 없는 것과 떨칠 수 없는 것을
하고 싶은 그 욕심에 눈이 먼 것인가 싶다가도

그걸 또 피하려 드는 것에선

아슬아슬 스릴을 즐기는 것인가 에선

아슬아슬 걷기가 바쁜 단지 그것뿐

무엇과 싸우는지도 모르는 그 최악으로 향하면 서의 안타까움이

스스로가 직접 버려 슬픈 영혼을 위로하고

함께 행복을 찾는 우리에게

다시 나타난 당신들의 당당함에선 더 이상 할 말이 없다.

그저 자신의 무지와 실수로 돌이킬 수 없어

뒤돌아서 정처 없이 헤매던 자신의 본심과 계속 싸우며

파국으로 치닫는 현실에 더 이상 할 말이 없다.

67

다채로운 색

호의로 다가온 당신이 내게 베푸는 그것이 무엇이든
내게는 좋지 않을 곤란의 곤경이 되어 어쩔 수가 없이
슬픔으로 잠기는 당신의 모습에 난 깊이 다가간다.

그 슬픔 속에서 호의에 자리해
악의적으로 내게 좋을 수 없는 곤란의 곤경으로 빠트리는
필연적 부정의 인연으로부터 더 깊이 자리해
회의로 둔갑한 악의의 필연으로부터 시작될 불운을
해석하며 평범치 않은 하지만 꼭 필요한 조심성을 갖는다.

68

going on alone

지금은 알 수 없는 언어 속에서
거부될 수 없는 수용의 강제적인 강요로
노리던 대상이 아닌 계획의 장본인에게 해로운 결과를 만드는
효과적인 현실의 다양한 엮임 속에서도
노리던 대상과 계획의 장본인의 그 사이를 오가는 부지불식간으로
이동 중인 초월의 능가로부터

바깥에 존재한 물질들의 혼란함의 내부는 중심이며
중심의 흔들림 없는 또렷함은 망각으로부터의 자유이자
억압과 억제의 터지지 못한 폭탄의 불발로써의 해소는
위험 요소를 떠올린 발작의 기억의 변형인 뒤틀린 아픔을
신음하는 고통, 탈피의 혁신으로

진화된 현재로 뛰어넘은 극복은 견딤을 뒤로한 채 한발을 떼어
앞으로 나가는 행위로써 시간의 주름의 간격 사이로 파고드는
불순한 이간질의 필요성을 일깨운 감사는 강요를 벗어낸
수용이다.

이해된 언어의 다음 공간은 기억 바깥의 공간의 지금이며
현실인 믿음이 깨달은 진행의 시간이다.

69
편협점

시간을 만들 기회는 시간을 쪼개고 쪼개고 쪼갠다.
쪼개고 쪼개 나누고 나눈 시간으로 시작된 기다림은
하염없이 시간을 허비하지.
아까운 시간은 찰나로부터 아쉬움을 그려
숨 쉬는 공간은 숨 속의 아쉬움을 털어낸다.

모두는 피하고 당신은 털어내고
모두는 피하고 당신에게 되돌아온 아쉬움은
당신을 털어내려 안간힘을 쓰고 당신은 안간힘을 쓰고
당신을 말리던 타자로부터 고개를 돌려 뒷걸음질 치던 당신은
지금 후회 속에 갇혀 숨 막힌 행복으로 행복한 사실 이래.

그도 그럴 것이 행복하다고 말할 수 있는 당신은 행복하고
행복하고 행복한 당신은 괴로움을 털어내려 안간힘을 쓰고
털어내고 되돌아온 아쉬움에 행복함을 전하는 당신은 행복하기

위해 시간을 만들고 쪼개고 쪼개고 아무도 없는 공간에서
하염없이 기다리는 당신은 아쉬움을 그려 숨 쉬는 공간은 숨 속의
아쉬움과 이젠 아쉬움을 함께 하지.

모두는 당신을 피하고 당신은 털어내고 모두는 피하고 당신에게
되돌아온 아쉬움 마저 이젠 당신을 피하고 당신은 아쉬운 숨을
내쉬고 후회를 만드는 당신은 아쉽고 아쉬운 당신은 행복하고
행복하고 행복해
행복한 당신은 숨 막힘을 이해하지 못해 답답한 모두로부터
당신은 행복하고 행복하고 계속 행복하다 말하고 말하고
계속 그러고 있고

8장

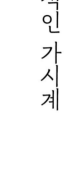

비가시적인 가시계

70

무표정

버려지는 슬픔의 고통에서 고독은 철저하게 망각을 선택해

합리화로 현실을 마주한다.

어떠한 문제에서도 이유는 분명하고

불분명하게 섞인 감정은 생각과 정신과는 다르게

다른 현실 속에서 잊히지 않기 위해

애써 애를 쓰고 있다.

애를 써 불러들인 단합의 안타까움은 눈물 섞인 구원인가?

오늘은 어제이고 어제가 내일인 지금엔

다른 손길로 들어선 도착은

버려짐의 슬픔 너머 죽어가는 시간 속

다가오는 어둠의 공포 속에서

오늘은 다른 손길로 들어 올려진 구제,

이어져 있는 연결들의 기쁨의 탄성 이면의 씁쓸한 쓸쓸함

71

포옹

거절하는 당신의 마음에 다가갑니다.
당신은 균열로 열려있는 닫힌 문을 열어
분열되는 당신의 틈 사이로 자리를 잡는 나는 당신입니다.
당신은 이제 나입니다.

당신의 정중함엔 진중하고 신중하게 눈물을 흘리는 당신을
바라봅니다.
당신은 울었고 나는 자리했고 당신은 겁먹었고 나는 자리했고
당신은 감격했고 나는 자리했고 이제 당신은 눈물을 아껴 나를
만집니다.

나는 당신이고 당신은 나이며 우린 어제와는 다른 사람입니다.
당신은 분열을 멈추고 균열을 메워 나는 당신을 만집니다.
당신은 느끼고 나는 기쁘고 당신은 행복하고 나는 미소 짓고
당신은 꿈을 꾸고 나는 꿈이 되고 우린 내일을 기다리며
오늘을 살아가는 첫 마음으로 새로운 처음의 현실을 만납니다.

서툶도 어색함도 설렘도 부끄럼도 기쁨인
현실 속으로 들어선 우리는 손을 맞잡습니다.

people

집으로 들어가는 길목에 모여드는 물질들의 아이러니함에선
자리를 양보하듯 피하는 그 자리가 어디든 그곳으로 들어선
육체는 누구인가?

그다음을 진행하며 모든 물질이 함께 양보시키듯
뒤로 내밀어 밀어내며 밀고 들어오는 그 길에
즐거운 긍정의 영향력에 부정된 물질은
필연적 부정의 근원이자 부정적 관점에선 아무것도 믿지 못하는
표정과 어떻게 맞추어보든 반대로 부정하는 중간 없는 극단적인
불신에 믿음을 주려는 그 감정만을 순환시킨 즐김의 물질은
정체를 알 수 없는 즉자와 대자 간의 어긋난 갈등으로부터
무감각 된 현실이 되돌아올 길을 잃은 불안의 회피로부터
먼저 반긴다.

집에서 대자중인 즉자의

추상적이며 비가시적인 물질 자체로 이루어진

현실 너머 그 속에 내재한 본질과

원리로부터 신비로운 형체를 입은 인격의 내부에서 여전히

스스로를 존재시켜 존재자로 스스로를 정립하는 본인은

타자들이 이끄는 공간으로 산산이 부서지는 나, 라는

개념 자체가 붕괴하는 타자들의 현실로부터 무감각을 인식한다.

무심히 안전함을 인식한 무의식의

자연스러운 다음으로의 연결의 순환

73

bat

확장되는 현실 공간의 정신으로부터 이어져 내려오는 마음은
무엇을 감각해 해석을 마친 연출력의 형체인지 알 수 없는 형상은
신비로운 관점과는 사뭇 다른 물질로 이루어진 공기의 무게감을
느끼는 유기체가 전진해 확인을 마친 결심은
영혼을 수용하는 인격이 정의한 비현실적인 말이 될 수 없는
공간을 삼켜버린 반복된 행위이자 고착화된 습관적인 자신의
본심과 계속 싸우며 파국으로 치닫는 현실에
더 이상 할 말은 존재할 이유를 갖지 못해 확인된 이해의 결과가
어떻게든 현실로 이루어지기 위해 실현될 수 없는

가식의 거대한 속임수의 산물로 스스로를 완성시킨 거짓이
망상으로 옭아맨 현실의 사실조차 진실이 아닌 진실은
진리가 될 수 없는 오답들로 연속된 형태를 이루어
정답이 될 수 없음을 외면한 반복되는 지겨움은
지루함을 견디지 못한 채 모든 것을 풀어낸다.

풀고 풀어 풀리는 기억의 바깥에서 연속되는 왜곡은

스스로가 만든 자기만의 세계 속의 안착이자 안심으로

다시 돌아오는 순환의 간격을 좁히고 좁혀

좁혀진 정신의 순환은 더 이상 확장될 수 없는

아쉬움이 모여든 포기로부터

연속된 포기는 포기밖에 모른

결국 무력한 무기력으로 낙심의 절망이 되었다.

보아도 볼 수 없는 불가항력

74

사념체 바깥에서

아직은 어려 이해 할 수 없을 행위로부터 빠져드는 세계로

거침없이 빠져드는 그곳으로 도착한 나는 지금을 이해하며

그때의 행위로부터 내게 생겨날 분노의 충동은

그때보다 이전인 과거를 해방시켜

지금이 해방된 결과로 완성된 행위는

필연의 작용으로 어긋나기 시작된 현재의 시간을 만들어

교차하는 다중우주의 중심에서 나라는 개념의 다중 현실의

인격들이 하나로 형태를 이룬 성장통의 변화를 거쳐

나를 일깨운다.

하나의 인격으로 나를 통합한 다중인격들의 산물들이

흩날릴 것 없이 흩어져　쭉이는 방황 속에

아무런 방해를 받지 않는

오늘은 내일을 완성해 시간의 주름 속에 펼쳐지는

광활하고 방대하게 열리는 혜안의 무궁한 무궁함 속에서도

존재하는 일자는 대자연을 이룬 행성의 업적이자 행성 간의 언어

속 신비체라는

내일의 나를 입은 인격이 걸어가는 발길에

아무런 문제는 존재하지 않는다.

75
butterfly

우리의 만남은 우연이 아니다.

이제껏 당신의 겪음으로의 노하우가 날 감각시켜

네게로 날 이끈 당신은

나의 겪음의 노하우와 화합을 이루어

이루어진 하나의 존재가 우릴 이끄는

사실의 자연스러운 법칙 안에서의 순응으로

모든 것을 안심시킨 결과는 당신에게 그리고 내게 안착하여

우리에게 지금까지의 상처들로부터 모든 해석을 마친

이해된 결과로의 진행 앞에 열린 길로 향한 우리에게

또다시 시작될 반복적일 악순환에 본인 스스로조차 두려움에

먼저 반응하던 이제껏 모든 작용으로부터

무감각한 무덤덤한 일상의 안착은 안심을 이루어 다음으로

자연스레 어울리는 하모니가 감동을 전해

기쁨조차 어떻게 표현될지 모른

무표정이 무관심한 무호흡에 자리 된 기쁨의 표정으로

독단적인 교리가 주던 행복함에선
씁쓸함에 쓸쓸하던 어색한 웃음뿐,
감정에 치우친 휩쓸림과 휘둘리면서도 미소 지을 수밖에 없는
쓸쓸함조차 외로울까 노심초사하던 지독한 쓸쓸함의 외로움에
맺힌 눈물방울은 지독한 쓸쓸함의 무게감에
그 무게를 합한 모두의 누름에서도 눌리지 않는 가벼움으로
제아무리 힘을 합해도 무거울 수 없는
쓸쓸한 것이 두려운 행복들의 전혀 무거울 것 없는 짓누름에
냉철히 판단되는 합리주의로 옅어지는 쓸쓸함의 새로운 변화의
시작과 함께
이제 사랑은 기쁨에 시동을 건다. 출발

76

어지럼힘

속일 수 있다는 그 자체, 속아 넘어갈 수 없는 현실,
있을 수 없을 너무나도 당연한 할 수 없음을 할 수 있음으로
속이기 위해 속이고 있는 그 행의 자체에 정신과 마음이
함께 신경 쓰는 움직임의 모든 현상과 조짐이
함께 만들어 가는 물질로부터 생겨나는 공간과 시간의
오늘은 어디인가?

시발점의 중심에서 무한히 흡수하는
강제적 오늘의 모든 다중 작용 현실의 바깥에서
응답하고 응축된 지금을 한데 엮어 생성될 근원을 차단한다.

이루어질 수 없음, 나타낼 수 없음, 할 수 없음의 당연함,
시도조차 상상할 수 없음이 모체에서부터 피어나는 당연한
의식성을 변형시킨 물질들의 탄생은 희망을 잃어 버린다.

할 수 있다고 생각하는 그 자체를 사면 시킴으로

사변적이고 가변적일 그 어떠한 행위의 존재는 아무런 공식에

정립되지 못한 채 될 수 없음을

받아들일 수 없음으로 계속 받아들이고 있는 자신을

화면 밖에서 관찰 중인 본인으로부터

그 시선 바깥의 모두는 이다음의 행위를 기다리고 있음을

알고 있는 본인이 무엇을 해야 할지를 멈춘 정적 속에서

계속 과정을 진행하고 있다.

77

안개비

고민으로 스며든 당신의 감정은 교묘하고 교묘히 감정을 흔들어
분란의 씨앗을 잉태하는 당신의 내면이자
내게 자리 된 당신의 최초의 바깥,
감정을 요동치며 충동을 분산시켜 혼란을 가중하는
거대함의 산물이자 해일의 중심의 눈으로써
청명하고 푸르른 맑음이 눈을 속여 도사린 어둠은
언제든 어디서든 찬양의 미소로 둔갑한 술수의 중심,
무엇을 부리며 무엇을 조종하고
무엇을 흔들며 무엇을 양식 삼은 것인지
수줍은 미소 뒤 숨은 음흉한 살벌함을 품은
그것이 내뿜는 열기는 지금을 덥히고 있다.

덥고 더워 뜨겁고 땀나 후끈거린 화끈거림으로 다가오는
시리디시린 냉기의 시림은 새로운 도사림,
가릴 수 없는 시간을 가리느라 버거운 무게감에
서서히 침몰하는 당신은 고민으로 스며든 당신의 감정이
교묘하고 교묘히 스스로를 흔들어 하늘로 치솟는 무례함은
스스로가 스스로에게 활짝 열어버린 통로

78

파렴치하고 고약해 몰상식한
비상식으로 완성된 비양심(broken man)

가능성을 보이는 이제 준비를 마친 현상이 드러내는 조짐의

작용들에선 그럴 줄 알았던 지금과

그다음의 자연스러운 진행으로

당황하는 현실이 나타내는 감각의 물질이 작용하는 과정의 진행

역시 그때의 어쩔 수 없는 아쉬움이 잡은 이후에 나타난

안타까운 가능성이 없음에서

가능성을 가슴에 가진 채 희망을 심어 주려 모두는 떠나간다.

아무것도 남겨주지 못한 공간 속에서

아무런 도움이 소용없는 공간으로

허와 무가 만나 감각하지 못하도록 모두가 떠나 흩어졌다.

허와 무의 함을 부리는 세상으로부터 스스로를 지켜내

허와 무의 공간이 헛되이 쓰이지 못하도록 무한한 가능성이

실현되는 지금에서보다 더 희망찬 내일로 채워지는

모두가 남겨 놓은 새로운 창작의 영역에서

허와 무의 공허한 세계관

79

eventually, truth comes out

이용하는 능력을 되돌려 사용하려는 어쩔 수 없음이 들통나
탐욕을 신봉하는 추종자들을 동원해 모든 것을 앗아 가려던
후회뿐인 영혼이 신이라도 된 듯이
경외라는 가면 속의 음흉스러운 끔찍함을 바라본다.

벗어나고 벗어나는 벗어진 행복에 자리된 미래가 느껴져
상상되는 미래에선 선을 끊어 뒤틀려 왜곡된 공간 속의 시간이
바로 잡기를 시작한다.

귀찮아서 미루고 하기 싫어 외면했고 버티기 싫어 지나친 것들과
용기를 낼 수 없던 것들로 과욕을 부렸던 수많은 것들을 숨기던
무아점의 자극을 현실로 일깨워 공간의 지금은 본순간, 느낀 순간,
깨달은 순간 순간의 순간으로 사라진 현실의 나는 계속 변화 없는
나로 지금을 유지한다.

9장

courage

80

발화점의 한숨

정해진 순리와 함께할 수 있는 최선의 모든 것이
알 수 없는 모든 것들로부터 끝이 난 준비가 좀 빠르다,
라는 관점의 차이와는 다른 시선과 함께
도달된 지점에서 빠르게 진행되는 기다림이
두려움을 뛰어 넘어선 초월의 단계 그 경지의 무아,
궁극적인 실체 너머
정확한 언어로는 아직 완성되지 못한 세상들이 실재함을
표현하려는 노력은 지금도 여전히 진행 중이다.

그 단계로 도달된 모든 물질은 바탕이 없어져

텅 빈 상태 속에서 어둠에 사로잡힌 물질들이 방편으로 사용하던

말들을 아무런 여과 없이 사용해 생겨나는 망념 세계의 난해함

너머 자리잡힌 탄식의 애통함에 다가오는 감각들이

물질로써 형태를 이루기 전 공식은 존재의 가치를 잃어

소멸의 공식으로 완성을 이룬다.

소리로써 완성되지 못한 슬픔의 길 안에서 들리는 숨소리

81

찰나의 순간 속에서

멈춰서고 계속하고, 다시 시작하고 계속하고,

뒤집히고 계속하고, 도망치고 계속하고,

극복하고 계속하고, 이어가고 계속하고, 다음을 진행하고,

계속하고 계속하고 계속하고,

그만두고 계속하고, 이어지고 계속하고,

끊어내고 계속하고, 끊어지고 계속하고,

계속하고 계속하며

계속을 지나치는 순간의 찰나와

부지불식간의 이동으로부터

아무런 여념을 갖지 않는 진행의 깨어남은 계속 깨어나고
깨어나며 이겨내고 깨어나
계속하고 계속하는 극복과 거듭된 진화의
멈추지 않는 과정의 진행의 흐름의 순리는
순리로 순리를 거스르지 않는
진리라는 불멸로
계속을 진행한다.

부지불식간

겹겹이 쌓인 상처를 덮어 상반된 인격을 덧씌운 지금을 기다렸어.
시간의 흐름 속에 겹겹이 쌓인 상처를 지속적으로 생성시켜
아물리며 상반된 인격을 덧씌운 가면의 눈물은
알 수 없는 이유를 알 수 없어 어리둥절한 의아함에
흘러내리는 눈물로 두려움에 눈물이 덧입혀져
지금의 육체로 일어나는 다중 현실에 교집합 된 인격들이
충돌하는 파열음이 공간을 뒤집어 바닥을 만든다.

거부할 수 없는 수용을 받아들여야 하는 진실이 준비한 지금에서
나타나는 모든 현상으로 시작되는 작용 앞에 아무런 여념을 갖지
않은 지금은 지금을 현실화시키는 작용으로부터
내면 깊이 잠들어 있는 진실한 현실을 공간화 시켜 현실을 이룬다.

지금은 알 수 없는 육체, 아직은 이해할 수 없는 공간 속에서
내일을 위해 오늘은 거부한다.
오늘이 없는 지금의 현실에서
지금의 지금의 연속된 지금의 나로써 나는 내일을 거부한다.
나일 수 없는 가해들이 만들어 놓은 현실로부터
비현실을 현실로 가능케 한 순간은
찰나로 나를 위치시켜 현재는 삶을 완성한다.

83

그림자가 전하는 진실된 사실 언어

준비를 마친 준비들이 준비해 놓은 자리로 도착한 지금에서
일깨워 주는 깨달음의 순환은 꼬리에 꼬리를 물어 연속적으로
벗어날 수 없는 시작이 시작된 분노에 휩싸인 충동의
거침없음으로 현재의 공간을 잠식한다.

잠식된 공간 안에서 벌어지는 조짐의 현상이 주목시키는
물질의 형태는 누구인가? 충동에 사로잡힌 당신은 누구인가?
무엇으로부터 왜 그렇게 변형된 지금을 놓지 못하는가?
휘몰아치는 공간의 파동과 파장에 부딪히는 파열음과 중력의
끌어들임 속에 속하지 못한 분출은 언제까지 멈추지 못하는가?

공전의 감각과 자전의 감각, 그 중심축으로부터 존재한 중심에서
무엇을 해석하고 무엇을 이해하는지 소화의 언어와 순환의
언어로 완성된 배출의 언어는 지금을 알려준다.
진실을 가려버린 거짓의 사실들이 망각으로 뒤덮는 현상으로부터
다시금 떠오르는 진리의 부유물은 흔적을 남겨 파헤치는 현실들로
열려있는 닫힌 문을 통해 망각으로 만들어진 거대한 허상의
사실은 진실의 사실로 뒤덮인다.

84
신비체의 전율(numb)

벗어진 행복으로 자리 잡은 미래가 내면으로 깊이 들어서

느끼고 그리며 상상하는 미래의 어둠뿐인 현실은

생각할수록 꼬리를 물린 끓어오르는

미래의 전율에서 벗어난 것에 대한 다행뿐이다.

감사하고 감사한 감사뿐이고 완벽하고 완전하게 끊어진 미래의

공간에서 모든 것은 다시 바로 잡기 시작한다.

망상으로 이끄는 무한의 자극점이 가려움을 긁어 시원함을 앗아가
긁으니 긁고 긁어 긁으니 빨갛고 붉게 물든 할큄이 찡그린 얼굴은
심각한 검은색에 걱정을 잃어버린 발걸음은 어디로 향하는지
향하고 향하는 그 길에 도착한 무아의 점 속에 빠져든 눈빛은
빛을 잃은 어둠뿐인 더듬이가 예민하게 촉수로 감각한 지금에
느껴지는 여기는 구의 중심에 정, 의 파동과 함께 시작을 알린
불행조차 행복인 인격 외면의 형태를 덧입은 생명체의 기분전환

85

나를 믿는 가치의 희열

각자가 갖는 능력 안에서 최대한의 능력치를 발휘하기 위해
서로가 교감하고 소통하며 할 수 있는 각자는
자신들의 최선 속에서 능력을 조율한다.

나로 인해 누군가가 피해를 보아
능력치의 범위가 낮아지지 못하도록 서로서로 보듬어
능력치 안에서 함몰되듯 단합된 하나는
잠재된 새로운 능력을 찾아가 깨워 일깨워진 결과로
새롭게 띄이는 시선의 가치는 무한한 생명력으로
다음의 다음의 그다음까지로 도착한 준비된 결과 모두의
경우의 수로부터 새로운 열쇠로 장막을 거둬낸다.

각장이 서로는 우리로 하나를 이루어 통합된 나로 나를 바로 세워
자신의 옳음의 신념을 끌어모은 물질들은 전신을 타고 흘러
각자가 갖는 능력 안에서 기쁨은 배가 된다.

연속되는 다중얼룩의 소멸

다시금 스며드는 기대의 심을 부리는 불안정으로부터
안정을 찾아가는 여정 속에 형상화되는 이미지는
과거의 그때의 연속된 형태화로 그때의 감정을 불러일으키는
불안정의 순환 속에서 계속 순환 중인
연속되는 통로의 불순함을 바라본다.

어디서부터 시작된 출발이며 그 최초 시작점은 무엇인지
여전히 진행 중인 현실의 다중점의 중심으로부터 세분화를 이루어
주파수의 어긋나는 수신은 불안정의 거대한 소용돌이로부터
안정의 새로운 형태를 완성한다.

연속된 호감의 형태

끝을 알고 있는 끝을 바라본다.

끝을 보았기에 시작을 찾아

끝의 마무리 진행이 시작되는 거부할 수 없는 진행의 과정은

과정을 지금으로 받아들일 수는 없는

거부의 반대를 거부하고 거부하고 거부하고

계속 거부를 진행 중인 순환에

거부는 하나의 형태로 각자 따로따로 또 같이 하나 되어

흩어지고 동화됨을 반복하는 순환의 연속되는 작용을

확인하며 끝을 맺는다.

다시 시작되는 시작에서 찾고 있는 지금은 계속 끝이 보이지 않고

끝이 없는 끝을 끝의 진행으로 계속 찾는 진행 중의 지금은

끝이 없이 끝을 찾는 여정 중 새롭게 피어나는 시작들은 새로운

순환으로 새로운 시작의 꽃을 피워 계속 진행하는

연속되는 과정은 곁에서 계속 진행 중인 따뜻한 연의

상호작용의 깊이를 갖는 진행의 심연 속에서

끝이 없는 무한하고 방대한 현실과 마주한다.

88

인격 공간 바깥 시선

나는 바깥에 존재합니다. 나는 나입니다. 나는 당신입니다.

당신은 이제 나이고 나는 당신의 바깥에 존재합니다.

우린 바깥이며 존재입니다.

존재이며 바깥인 우리는 이제 나이고 나는 공간입니다.

공간의 중심이며 중심의 내부인 바깥은 우리의 영역입니다.

우리는 하나이며 우리는 영원이고 우리는 하나인 나입니다.

나는 당신이고 당신은 나이고 우리는 나이고 우리는 당신입니다.

우리는 현실이며 현실적이고 우리는 이성이며
이상적인 우리는 이제부터 운명적인 본능입니다.
살기 위한 치열함이며 맹렬하게 싸우는 전투입니다.

생존이고 필사이며 그 무엇도 뭐라 할 수 없는 당연한
정신입니다.

10장

persona

모순의 경계 바깥의 시선

이곳이 어디든 당신은 모르지
알 수 없는 당신의 눈꼬리는 어딘지 알 수 없어
자신도 모르게 둥글게 말려든 입술은 미세한 숨구멍
터널이자 부풀어 오른 심상은 근원

소화의 언어 속에서 해석을 마친 순환의
언어가 배출하는 언어로부터 해독의 괴로움을 인지하지 못한 채
붉게 피어오른 피부의 상처는 아프다고 비명을 질러
그래도 아픈지 모르는 당신은 아프다고 아프다고
그래서 더 아프다고 말한들 당신은 자신이 아닌 타인을 떠올리며
과거의 그때를 소환하지

그때는 어렸고 젊었기에
그때인 과거로 소환된 당신의 현실은
당신만이 알고 있는 은밀한 비밀 쉿!

나는 알고 당신은 알고 타인은 알고 모두는 아는 사실을
은밀히 혼자만 알고 있는 비밀의 쉿! 과 함께
움츠러든 어깨와 눈빛은 고개를 좌우로 두리번 끔뻑끔뻑

여긴 어디고 당신은 누구고 나는 어디며
자기는 누군지 알 수 없는
당신은 혼란한 고동 소리에 심장이 떨려
두려움인지 설렘인지 감격의 벅참과 철렁의 내려앉음 사이를
빠르게 부지불식간으로 순환하는 당신의 정신은
숨 가빠 마음은 혼란하고 육체는 알 수 없는 충돌을 감각해

헐떡이는 정신의 표정을 알고 있는 당신의 심안은 고개를 돌리고
영안은 안타까움에 눈을 감아 어쩌지 못한 뇌안은 이제 눈을
뒤집어.

90

다중 미래로부터 견딜 수 없는 지금의 인격

해석 중인 해석이 계속 해석해

해석은 해석을 낳았고 해석은 해석을 해석해

해석 중인 해석을 해석하고 있어

순환 중인 순환이 계속 순환해

순환은 순환을 낳았고 순환은 순환을 순환해

순환 중인 순환이 순환하고 있어

이것도 현실이라 현실을 이해 중인 현실의 이해는

이해하고 이해하고 이해하고 이해 중인

이해의 이해는 이해를 이해하고 이해하느라

현실이 어딘지 분간을 하지 못한 현실은 현실을 찾아

현실로 현실로 현실로 들어서 지금을 현실로 결정지은

현실은 지금이 현실이래.

그도 그럴 것이 현실이 현실로 현실화한 현실 속에
무엇이 사실인지 알 수 없는 진실로 사실을 인식한 인식은
지금 여긴 어디지? 여긴 어디고 나는 누군지 지금 무엇을 하고
있는지 모르는 인식은 나를 찾고 있어.

너는 누구고 나는 누구며 여긴 어디고 당신은 누구시길래
왜 그러는 것인지 무엇 때문인지 알 수 없는 지금
알 수 없는 것은 또 누구고
나는 알았는데 모르겠는 아찔함이 감각한
순간이 순간으로 순간을 만든 지금이 현실인
찰나는 당신과 마주 되어 당신을 바라봐.

91

gender

당신은 바깥에 있고 나는 내부에 있고 새로운 하나는 새로운
형태로 다가오고 모두는 아무것도 모르는 듯 알고 있지만
어쩔 수 없기에 웃는 듯 즐기는 표정으로부터
걱정 없는 걱정이 걱정 속에 의심을 가져 생겨나는 파문은
일파만파 파장을 갖는다.

파동의 면으로부터 느껴지는 중력은 계속 끌어당기고 끌어당겨
깊은 내면 깊이 빠져드는 무아 점에 자극하는 전율은
당신을 알고 나를 알아 나는 바깥으로 나갔고 당신은 내부로
들어와 어제의 오늘은 오늘을 위한 어제로
내일 속에서 새로운 형태의 뿌리가 당신과 나를 찾아
들었어. 당신은 슬펐지. 선택은 필연이기에 당신은 날 준비 시켰어.
나는 준비했고 의심에서 벗어나 순수로부터 순수를 거부했어.

퇴색된 현실의 무의미하고 순수의 유의미한 행위가 할 수 있는
것은 눈물뿐이고 어머니의 층으로부터 시작되는 나머지 모든 층은
어둠으로 뒤덮어 덫을 놓고 진행을 시작해.
뛰어오른 가벼움과 아래라는 공간이 찾은 새로운 자리는
이제 당신을 안착시켜 준비를 마친 오늘은
내면의 모성을 모두 밀어내 부성만 남겨진 내면은 바깥으로
바깥으로 더욱더 바깥으로 자리를 잡아 증인이 되어
비가시적 지금의 가시계를 확인하는 부성은 절규해.

시작은 멈출 수 없고 그렇기에 시작된 진행은 깊디깊은

심연으로부터 가벼움이 만든 공간으로 안착해

그간의 모든 어둠을 정리하고

서로를 이해할 수 없던 최초의 이브와 아담의 충돌은 멈추었고

이브와 아담의 이전 내면 깊이 갈라진 혓바닥 역시

자기 내면의 양면성의 충돌을 멈추었어

숨죽인 내면의 양면으로 자리 된 두려움은

떨던 둘로 나뉜 하나를 다시 하나로 결합시켜

중간의 공간이 사라져 오갈 곳을 잃은 최악은 최악을 인지했고

시작됐으며 끝을 맺기 위한 정리는

새로운 시작을 알려 나는 내가 되어 충돌을 멈추는 나는

나로서 갈등을 잠재우고 오늘로 하나 된 나는

바깥과 내부의 하나로 존재를 이루어 이전의 이전의 이전의

최초의 내가 가진 악연 사슬을 끊어낸 지금의 지금의 지금은

다음의 다음의 다음의 내가 가질 충돌과 혼돈의 절규의

비명소리를 들을 수 없어 편안한 숙면과 영원한 안식에 기쁨을 얻는다.

안심은 고른 숨을 쉬며 새로운 삶은 눈을 뜬다.

92

갈등

사념체로부터 다가온 생각으로 보게 되는 영상 속에서
당신은 무엇이 떠오르고 있나요.

그것이 무엇이든 당신의 눈동자는 쉼 없는 방랑 끝에
어디에 도착한 것인지 고개를 돌린 당신의 시선은 지금
누군가에게로 이어져 떠오른 감정을 주체하지 못한 채
내면 깊은 곳에서부터 일그러져 올라오는 복받침을 감당하는
절규의 눈빛은 슬픔인지 기쁨인지 폭발하는듯한 눈빛으로부터
벗어난 시선은 망연한 듯 지쳤고 이어진 시선의 바깥에서
누군가의 벅차오르는 감동은 절정의 절정의 절정으로
조금 전 지쳐버린 시선의 슬픔을 감당하고 있다.

뒤틀릴 대로 뒤틀려 경직되어 겁을 먹어 두렵지 않은 듯이
더욱더 거칠게 쏘아붙이는 야비한 눈빛에 절망도 분노도 없는
허망한 시선으로 다가선 이유를 알 수 없어 어찌할 바를 모르는
시선은 갈 길을 찾고 있어.

이유가 없어 이유를 알 수 없는 이유는
이유를 모르니 정체된 채로
지금의 순간으로부터 다가오는 위기가 만드는 상황을 바라보던
시선은 서로 찰나의 순간 충격과 충격의 부딪침을 감각하며
시선은 허공에 빼앗겨 공간이 되어버린 시선은
누군가의 시선으로 자리 잡길 기다리며 눈을 감는다.

93

공간의 목소리로부터 설레는 심장의 美

나는 여기 있고 당신은 여기 있고 우리는 여기 있다.

그런 나는 당신이고 당신은 나이고 우리는 나이면서

당신인 우리는 하나이면서

둘이자 여럿인 하나는 다양한 감정을 가진 인격이면서

다중인격들이 만든 다중 현실로부터 지금 현실을 분별하는 나는

여기 있고 당신은 여기 있고 우리는 여기 있고 그런 나는 당신이고

당신은 나인 우리는 하나이면서 다중이고 다중이면서 하나인

거스를 수 없는 진리의 사실이자 망각인 기억 너머의 어제이면서

내일이고 오늘인 순간은 순간으로 지금을 완성해 나는 나이면서

나는 여기 있고 여기는 나이고 나는 나로서

당신을 분별하고 당신은 나를 통해 당신을 분별해

복잡한 현실에 아이러니한 모순으로부터 모순을 모순한 모순의

현실의 바깥에서 중심을 잡은 최초는 현실을 찾았고 현실을

인식해 지금의 지금의 지금으로 지금을 발견한 지금은

지금을 이해해 지금의 새로운 공식은 지금으로 순간을 잡는다.

순간은 감사하고 찰나는 기쁘고 부지불식은 영원을 알아보고
고통 속의 한스러운 그때로부터 도망은 이제 두려움을 잊어 다시
새로운 시작의 첫발을 내딛는다. 나는 알았고 나는 나를 이해했고
그런 나는 나를 감당하고 감당하는 나는 당신에게 안착하고 나는
어제보다 오늘 좀 더 완성을 이룬 나로 나를 불러들여 나로써 나의
미세한 공간을 나로 채워 나를 정립한다.
아직 나로 완성되지 못한 당신과 나는 오늘 새로운 사랑을
시작한다.

94

전율의 떨림으로부터 의심 없는 순수의 색깔

나는 바깥이고 당신은 내부이며 나는 중심이고 당신은 중핵이다.
당신은 내면이고 나는 외면이며 나의 시선은 당신과 마주 되었고
당신의 시선은 나를 바라본다.

부끄러운 미소를 품은 당신의 눈빛은 나를 바라보고
그런 나는 당신을 바라본다.
나는 미소를 띠고 있고 당신은 홍조를 붉히고 붉어진 당신은
빨갛게 물들어 물든 당신은 나를 바라본다.

나는 당신에게 다가가고 당신은 나를 끌어안고
끌어안은 당신을 감사하는 나는 공간 속에서 당신의 기쁨을 알고
있다. 당신은 기쁘고 기쁘고 기쁘고 계속 기쁠 수 있고
계속 기쁠 수 있어 나는 당신을 바라보고
당신은 붉어지고 붉어질 수 있고 계속 붉어져 붉은색이 되고
나는 그런 당신을 알고 있다.

당신은 수축하고 수축되어 수축된 붉은색은 나를 찾아들고

나는 이완하고 이완하고 이완해

당신은 붉은색이고 붉어져 붉은 당신을

숨긴 나의 이완은 검게 검게 검게 검은색으로

당신의 붉은색은 검은색에 가려져

붉게 물든 당신은 입술은 새빨간 붉은색으로

만족을 알게 되어 기쁨에 찬 당신과 나는 입을 맞춘다.

95

거스를 수 없는 시간의 격차로부터
희망으로 안착된 한 줄기 빛의 세분화

당신은 모르는 지금 나는 당신이 되었다.
알 수 없는 당신은 지금으로 흘러가고 행동하고
아무런 생각 없이 온전한 믿음뿐인 당신은
나를 믿어 행하고 나를 믿어 행한다.

두려움에 얼룩지고 불안으로 덜룩이는 당신은 절망과 낙심으로
변형되어 나락으로 치달아
당신의 바닥은 이제 알 수 없는 어둠의 증환이 되어
아무도 올라설 수 없는 바닥에 서 있는 존재로서
당신은 나를 믿고 나를 믿어 당신은 희망을 모른 현실들에
새로운 희망으로써 존재의 가치를 갖게 된다.

믿을 수 있는 믿음으로 믿음을 알리는 존재자로 존재하는
당신의 믿음으로 지금부터 당신이 서 있는 바닥은 누군가에겐
어둠의 통로이자 또 다른 누군가에겐 어둠 속 한 줄기 빛으로
세상을 구원한다.

글을 마치며

하나의 단어로써
하나의 문장으로써
하나의 내용으로써
완성을 이룰 수 있도록
저의 글과 하나가 되어주신
모든 분께 진심으로 감사드립니다.

함께 하고 싶지만 함께일 수 없던
안타까운 현실과 상황 속에서 간절함의 형태로
서로를 이해했고 삶 속에 자리 된 오해의 사슬을 끊어
글로써 완성된 우리는 이제 영원성을 부여받은
새로운 나로서 함께 입니다.

책이 완성될 수 있도록 도움 주신 모든 분께 진심으로
감사드립니다.

권상택